· 지음 아뜰리에 ·

사계절 인테리어 소품 자수

| 장리라 저 |

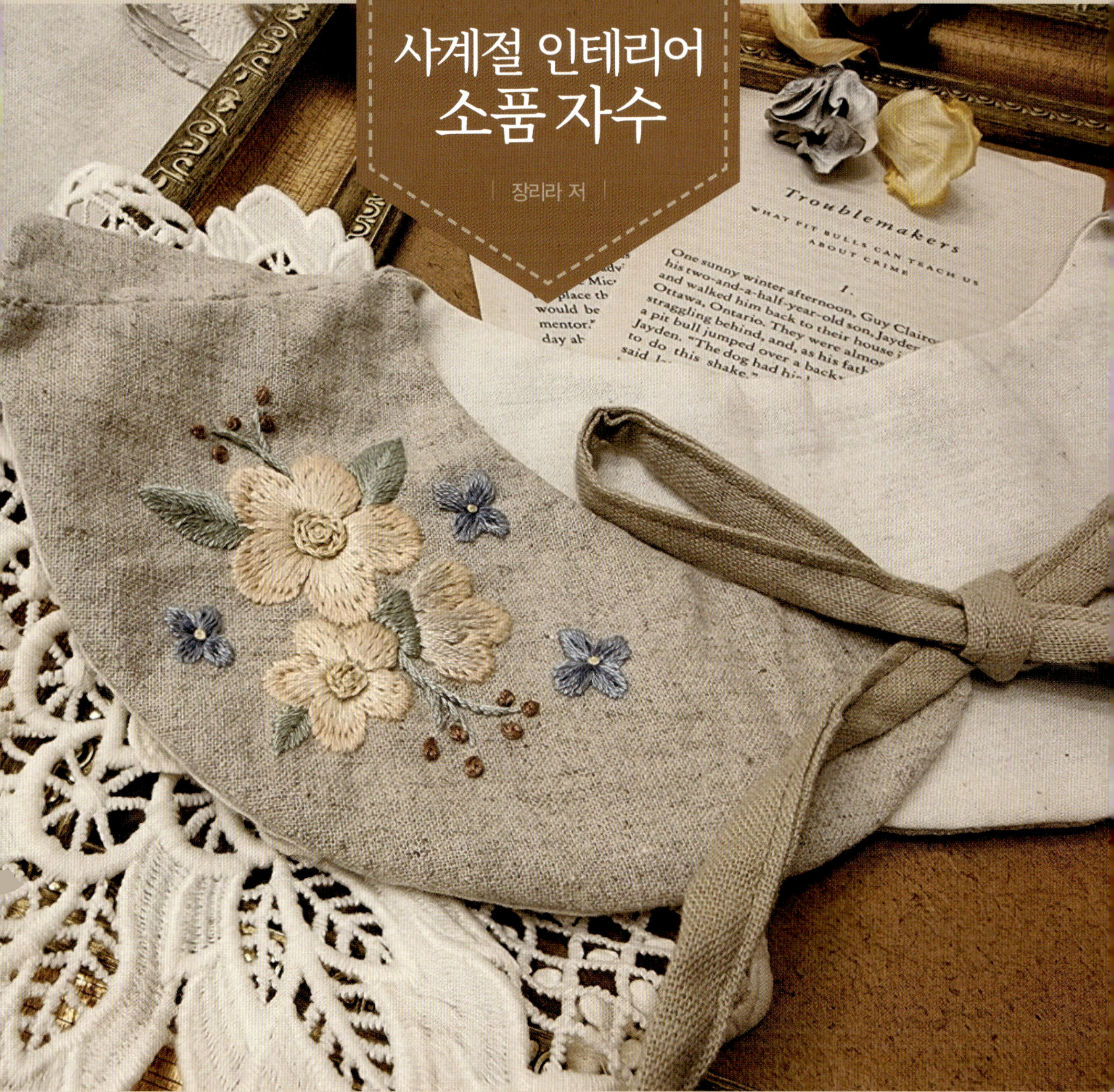

아이생각

사계절 인테리어
소품 자수

| 만든 사람들 |
기획 실용기획부 | **진행** 양종엽 | **집필** 장리라 | **편집·표지디자인** 원은영 D.J.I books design studio

| 책 내용 문의 |
도서 내용에 대해 궁금한 사항이 있으시면
저자의 홈페이지나 아이생각 홈페이지의 게시판을 통해서 해결하실 수 있습니다.
아이생각 홈페이지 www.ithinkbook.co.kr
아이생각 페이스북 facebook.com/ithinkbook
디지털북스 인스타그램 instagram.com/dji_books_design_studio
디지털북스 유튜브 유튜브에서 [디지털북스] 검색
디지털북스 이메일 djibooks@naver.com
저자 인스타그램 instagram.com/r_r__house | instagram.com/atelier_jieum

| 각종 문의 |
영업관련 dji_digitalbooks@naver.com
기획관련 djibooks@naver.com
전화번호 (02) 447-3157~8

※ 잘못된 책은 구입하신 서점에서 교환해 드립니다.
※ 이 책의 일부 혹은 전체 내용에 대한 무단 복사, 복제, 전재는 저작권법에 저촉됩니다.
※ 유튜브 [디지털북스] 채널에 오시면 저자 인터뷰 및 도서 소개 영상을 감상하실 수 있습니다.
※ **i THINK** 는 **DIGITAL BOOKS**의 취미·실용분야의 새로운 브랜드입니다.

작가의 말

유쾌하게 하루를 채우려고 노력하는 프랑스 자수 작가이자 강사입니다.

저는 어릴 적 방학 때면 외할머니 댁, 친할머니 댁에서 꼬꼬마 시절부터
사춘기 소녀 시절에도 방학 시즌에는 매년 시골에서 보냈어요.

할머니를 따라 바느질을 한다며 인형 옷을 만들었고, 고사리손에서 좀 더 자라니 어느새 한국 자수와 한복을 배웠고,
그렇게 시작한 바느질은 프랑스 자수에 눈을 뜨고, 덕업일치에 즐거운 일상을 그려가며 살고 있습니다.

이 책을 접하시는 모든 분들도 작고, 소소하지만 집을 가꾸며 소품을 만드는 자수를 통해
작은 행복과 큰 기쁨을 느껴 보았으면 좋겠습니다.

목 차

#파트 001

시작하기 전에

프롤로그 자수도구 알아보기

* 자수 도구 알아보기 •010
* 천의 종류 •011
* 바늘의 종류 •012
* 자수실 •013
* 25번 면사 가닥수와 도안의 크기 •014

첫 번째 스티치 배워보기

① 기초 선 스티치 배우기 •014
② 기초 선 스티치 배우기 •016
③ 기초 선 스티치 배우기 •018

두 번째 스티치 배워보기

① 기초 잎 스티치 배우기 •020

세 번째 스티치 배워보기

① 변형 스티치 배우기 •022
② 변형 스티치 배우기 •024
③ 변형 스티치 배우기 •026

#파트 002

사계절 홈꾸 스티치

봄을 닮은 파우치 만들기
●030●

이 밤, 봄이 오는 기쁨
●040●

작고 귀여운 노란 꽃송이
●046●

SPRING

SUMMER

싱그러움, 녹음이 가득한 소품 만들기
●052●

홈캉스 소품으로 재탄생
●060●

블루스타 손거울 & 머리 끈
●068●

가을 소풍에 멋을 더하다
●080●

가을 소풍에 멋을 더하다
●086●

레드 체인 반려견 케이프
●094●

AUTUMN

WINTER

보름달을 보며 소원을 빌어요
●100●

작은 앤티크 소품 만들기
●108●

#

파트 001

시작하기 전에

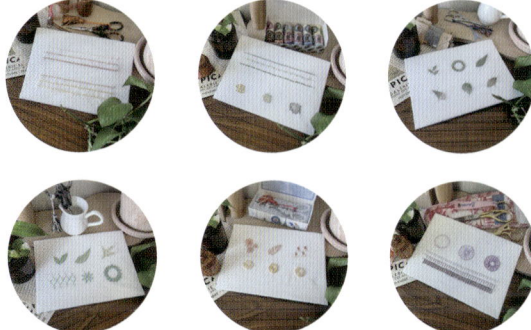

자수 시작하기

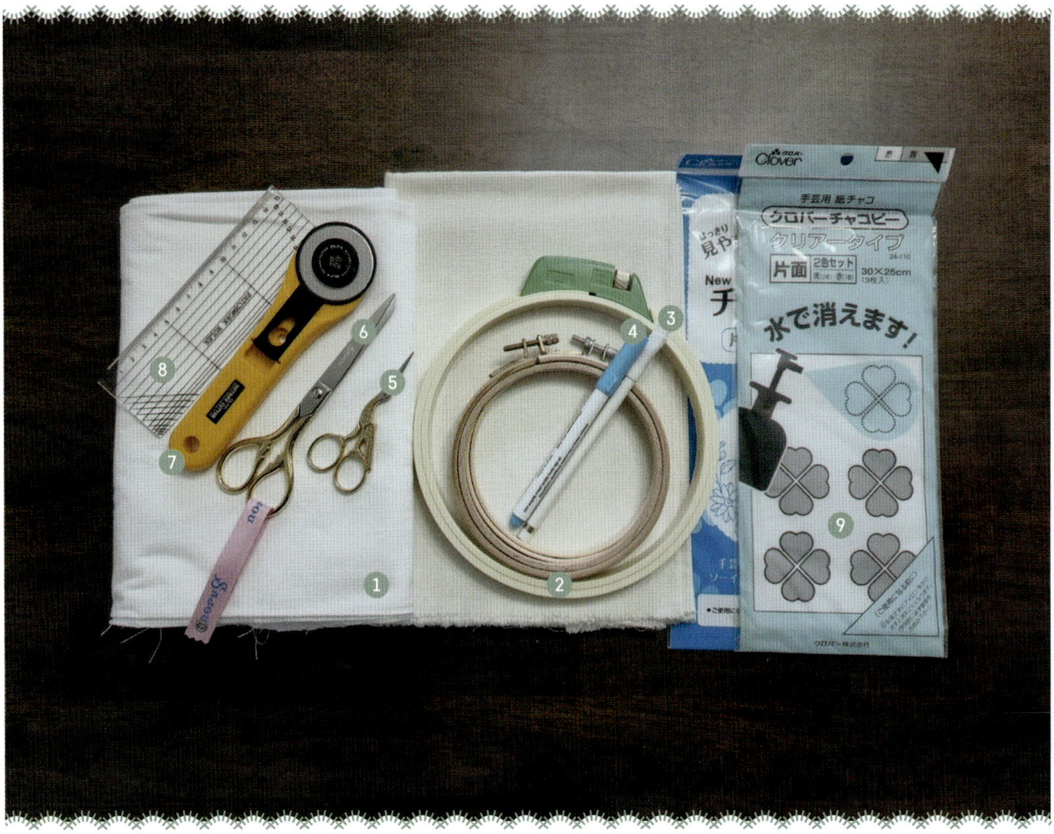

✱ 자수 도구 알아보기

① 자수   자수는 면이나 마 소재로 평직의 천을 사용합니다.

면은 비교적 저렴해 일상생활에 자주 사용하거나 쉽게 세탁을 하는 작품에 추천합니다. 마는 옷감에 구김이 없는 편이라 고급 작품을 만들 때 추천합니다. 자수용으로 판매하는 천 이외에도 작품 도안에 따라 소재는 다양하게 선택할 수 있습니다.

② 수틀   수틀은 천을 당겨주는 도구입니다.

수틀을 사용할 때 천을 보호하고 틀에서 미끄러지지 않게 하려면 시중에서 판매하는 바이어스 테이프로 감아 사용하면 수월하게 작업을 할 수 있습니다. 백 스티치, 러닝 스티치, 체인 스티치와 같은 떠내기 기법들은 수틀을 빼고 작업을 하는 것이 좋습니다.

❸ **연필초크**
(드레스마킹)

연필초크는 어두운 천에 도안을 그리는 도구입니다.

연필초크는 손에 초크 분말이 묻을 일이 없어 도안 그리는 작업이 편하며, 초크 끝에 달려있는 브러시로 그어진 선을 털어 낼 수 있습니다. 연필초크로 도안을 그린 원단은 물세탁을 먼저하고 일반세제로 세탁해야 초크자국이 잘 지워집니다.

❹ **수성 펜**

수성 펜은 밝은 천에 도안을 그리는 도구입니다.

너무 오랫동안 표시해누면 얼룩이 남으니 연하게 도안을 그리고 가능한 빨리 지워줍니다.

❺ **쪽가위, 자수용 가위**

쪽가위, 자수용 가위는 끝이 가느다란 것이 사용하기 편합니다.

다양한 브랜드와 스타일이 있지만 가능한 가장 좋은 가위를 사는 것을 권장합니다.

❻ **재단가위**

재단가위는 원단을 자르는 데 사용합니다.

❼ **로터리 커버**

로터리 커버는 많은 양의 원단을 재단할 때 사용하지만 정확한 재단이 필요할 때도 사용합니다. 로터리 커버를 사용할 때는 반드시 커팅매트를 깔아줘야 합니다.

❽ **그레이딩 자**
(시접 자)

그레이딩 자를 사용하면 자수로 소품을 만들 때 안감이나 자수 원단에 시접(해리)하는 경우 쉽게 도안 작업을 할 수 있습니다.

❾ **초크페이퍼**

초크페이퍼는 자수 서적의 도안을 원단에 옮길 때 사용합니다. 초크는 한쪽 면에만 칠해져 있으며 초크는 물에 쉽게 지워집니다.

✻ 천의 종류

❶ **캔버스**

삼베 같은 천으로 벽 장식 작품에 좋습니다.

❷ **광목**

초보자 연습용으로 자주 쓰이며 가방이나 파우치 작품의 안감으로도 좋습니다.

❸ **리넨**

가볍고 통기성이 좋아 생활자수에 가장 많이 쓰이는 원단입니다. 굵은 실로 짠 리넨은 캔버스 다음으로 벽 장식에 많이 쓰이며, 얇은 실로 짠 리넨은 실내 장식 작품에 많이 쓰여 내추럴 컬러와 아이보리, 백 아이보리 등 색상별로 다양한 작품을 만들 수 있습니다.

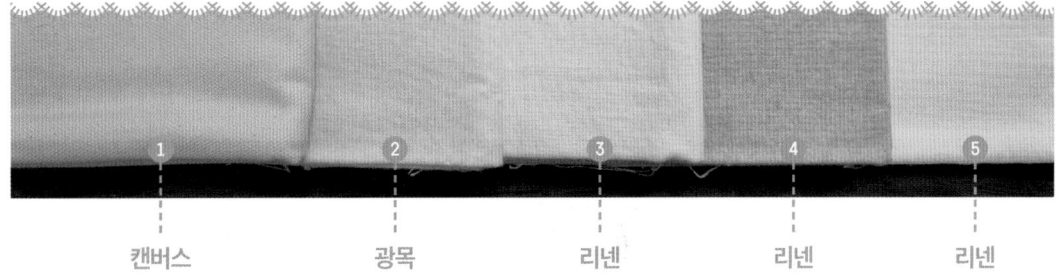

1 캔버스　2 광목　3 리넨　4 리넨　5 리넨

✳ 바늘의 종류

❶ 퀼트 바늘 (비트윈)
비트윈은 샤프 바늘과 비슷하지만 바늘이 아주 짧아 빠르고, 정확하게 스티치를 놓을 수 있어서 전통적으로 퀼트 작업에 자주 사용되는 바늘입니다.

❷ 크루엘 바늘
프랑스 자수에서 가장 많이 사용 하는 바늘이 크루엘 바늘입니다.
가느다란 10호부터 굵은 1호와 헤비바늘 14호까지 다양한 크기가 있습니다. 셔닐 바늘은 크루엘 바늘처럼 끝이 뾰족하게 생겼지만 울과 실크로 된 리본 자수 용도로 쓰입니다. 26호부터 14호까지 종류가 다양하며 숫자가 작을수록 굵은 바늘입니다.

❸ 볼 포이니
크루엘 바늘처럼 생겼지만 뭉툭하고 귀가 크지 않은 프랑스 자수 바늘입니다. 크로스스티치에 자주 쓰입니다.

❹ 크루엘 3-9호
크루엘 바늘은 보통 3호에서 7호를 가장 많이 사용합니다.
프랑스 자수 바늘의 종류는 다양하고, 특정 바늘이 꼭 필요한 자수 기법도 있지만 자신이 쓰기 편한 바늘을 선택하면 됩니다.

✳ 자수실

이 책에서 사용한 자수 실은 DMC25번 면사입니다. 25번 자수 실은 실의 가닥수에 따라 수를 다 놓았을 때 굵기와 크기가 다르므로, 도안의 크기나 이미지에 맞게 자수를 놓으면 됩니다.

✳ 25번 면사 가닥수와 도안의 크기

자수도구 알아보기

기초 선 스티치 배우기

선을 표현하는 백 스티치, 더블 백 스티치, 아우트라인 스티치와 체인 스티치,
카우칭 스티치, 프렌치 노트 스티치로 나뭇잎과 줄기를 수놓아봅시다.

백 스티치 : DMC 25번사 3770 / 754 / 758
더블 백 스티치 : DMC 25번사 945 / 745 / 3823

#플랫 스티치 FLAT STITCHES

백 스티치
바느질의 박음질과 같은 방법입니다. 한 땀 크기만큼 뒤에서 앞으로 반복하며, 틈이 없이 이어진 것처럼 보이게 합니다.

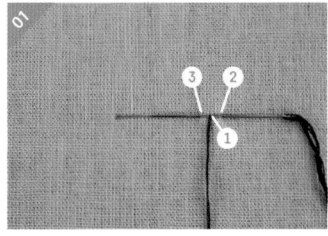
❶에서 나와 ❷로 들어가고, 다시 ❸으로 나옵니다.

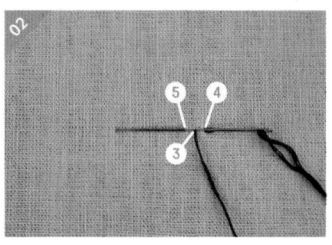
❸에서 한 땀 뒤의 ❹로 들어가 ❺로 다시 나옵니다.

------- 완성된 스티치 -------

#플랫 스티치 FLAT STITCHES

더블 백 스티치
백 스티치가 2줄 늘어서 있는 것처럼 보이는 스티치 기법입니다.

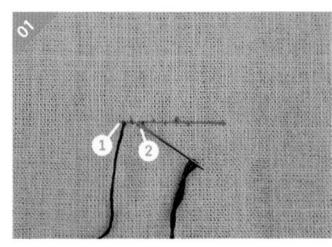
❶에서 나와 ❷로 들어갑니다.

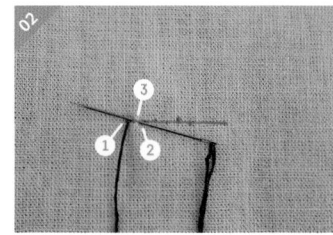
❸으로 나옵니다.

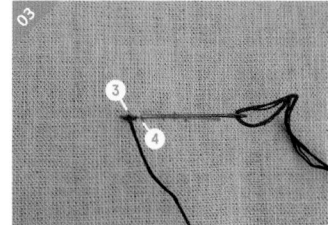
❹로 들어갑니다.

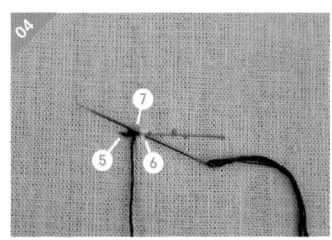
❺로 나오고, 다시 한 땀 앞의 ❻으로 들어가고 ❼로 나옵니다. 이를 반복합니다.

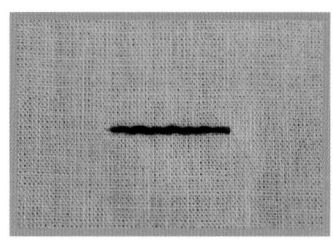
------- 완성된 스티치 -------

기초 선 스티치 배우기

아우트라인 스티치 : DMC 25번사 761 / 225 / 819
체인 스티치 : DMC 25번사 543 / 842 / 3864

#플랫 스티치 FLAT STITCHES

아우트라인 스티치
도안의 윤곽을 살리는 스티치. 꽃의 줄기를 표현할 때 사용되는 대표적인 스티치로 실이 겹치는 부분을 가지런하게 하면 입체감이 느껴지는 플랫 기법 중 하나입니다.

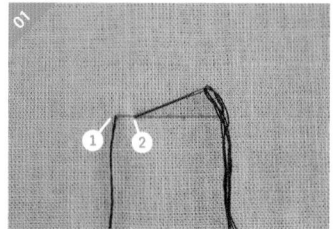 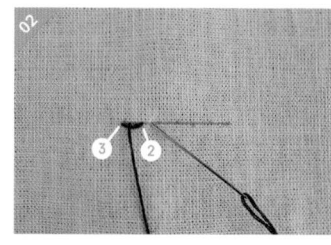 

❶에서 나와 ❷로 들어갑니다.

❸으로 나오고, 한 땀 앞으로 다시 들어갑니다. 이 과정을 반복 합니다.

------- 완성된 스티치 -------

#플랫 스티치 FLAT STITCHES

체인 스티치
체인 모양으로 고리를 이어가며 수놓는 스티치입니다.

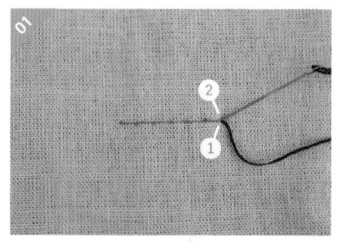 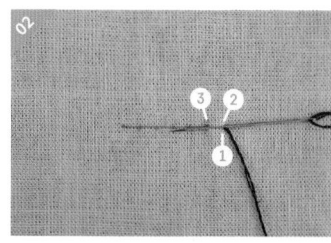 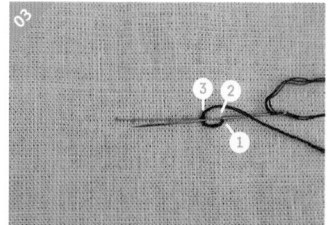

❶에서 나와 나온 곳 약간 위의 ❷로 들어갑니다.

한 땀 앞의 ❸으로 나옵니다.

❸에서 나온 실을 바늘에 걸어 고리를 만듭니다.

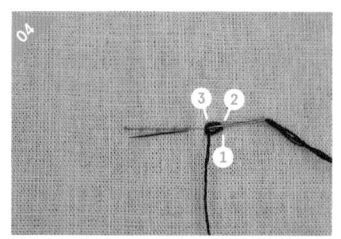 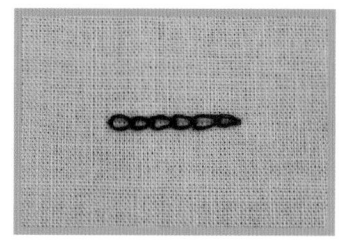

체인 모양으로 고리를 이어가며 반복합니다.

------- 완성된 스티치 -------

기초 선 스티치 배우기 ③

카우칭 스티치 : DMC 25번사 3052·320 / 772·371 / 320·727
프렌치 노트 스티치 : DMC 25번사 727·3078·3821 / 3047·3823·369 / 3072·644·647

#카우칭 스티치 COUCHING STITCHES

카우칭 스티치 천에 실을 다른 실로 고정시켜 무늬를 표현하는 스티치입니다. 금사, 은사, 털실 등로 다양하게 표현할 수 있습니다.

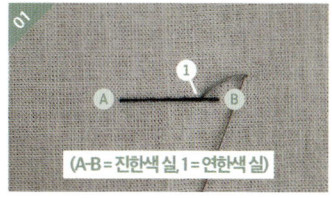

실을 도안의 선 위에 A~B의 형태로 걸쳐 놓은 상태에서 ❶로 다른 실이 나옵니다.

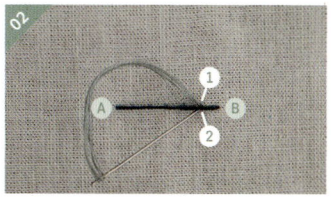

진한색 실를 감아주는 느낌으로 ❶번에서 ❷로 들어 갑니다.

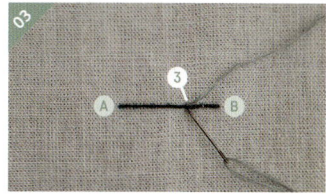

앞에서처럼 ❸번도 반복 합니다.

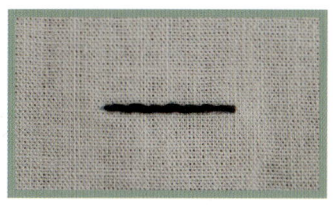

------ 완성된 스티치 ------

#노티드 스티치 KNOTTED STITCHES

프렌치 노트 스티치 노트(knot, 매듭)라는 글자 그대로, 작은 매듭을 만들어 수놓는 스티치입니다.

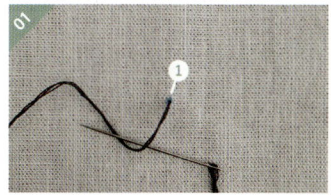

❶로 나옵니다.

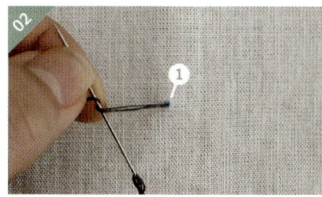

❶로 나온 실을 바늘에 감아줍니다.

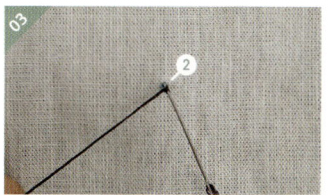

실을 감아준 바늘을 ❷로 넣어줍니다.

------ 완성된 스티치 ------

두 번째
기초 잎 스티치 배우기

스트레이트 스티치로 면을 채우는 새틴 스티치, 롱 앤 쇼트 스티치 기법으로
나뭇잎과 꽃을 표현할 때 수 놓아봅시다.

새틴 스티치 : DMC 25번사 3053 / 523 / 3052
롱 앤 쇼트 스티치 : 위 640·642·644 / 가운데 522·523·524 / 아래 3782·642·644

#플랫 스티치 FLAT STITCHES

롱앤쇼트 스티치
첫줄은 길고 짧게 수놓으며, 다음 단은 똑같은 길이의 바늘땀으로 수를 놓습니다.

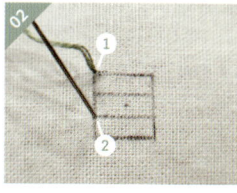
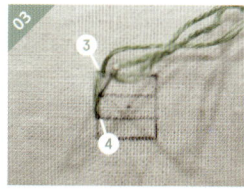

롱 앤 쇼트 도안을 3칸 혹은 4칸으로 나눠주세요.

❶로 나와서 ❷로 들어갑니다.

❸으로 나와서 ❹로 들어갑니다.
(두 번째 칸에 짧게)

사진처럼 길게 짧게를 반복해서 채워주세요.

사진처럼 중간 컬러가 들어가는 경우 아래 한 칸을 더 그리고 2번째와 3번째 칸에 중간중간 비워진 사이를 채워주세요.

중간에 채워지는 모습입니다.

마지막 3번째 컬러로 첫번째 사진처럼 반복하여 길고 짧게 채워주세요.

- - - - 완성된 스티치 - - - -

#플랫 스티치 FLAT STITCHES

새틴 스티치
스트레이트 스티치를 촘촘히 메우는 스티치입니다.

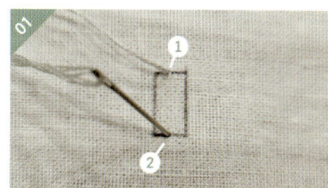

❶에서 나와 ❷로 들어갑니다.

위의 ❶, ❷ 스트레이트 스티치를 감싸듯 ❸으로 나와 ❹로 들어갑니다.

도안의 사이즈에 맞게 조절해가며 앞 과정을 반복합니다.

- - - - 완성된 스티치 - - - -

TIP 두께감을 더 주고 싶을 때는 세로줄 대신 체인 스티치나 러닝 스티치로 도안의 가운데에 스티치를 한 뒤 그 위에 새틴 스티치를 수놓으면 입체감 있는 입체 새틴이 됩니다.

기초 잎 스티치 배워보기 21

변형 스티치 배우기

변형 스티치로 많이 쓰이는 플라이 스티치, 레이지 데이지 스티치, 스파이더 웹 로즈 스티치,
버튼홀 스티치 기법으로 나뭇잎과 꽃을 수놓아봅시다.

플라이 스티치 : DMC 25번사 163·369·772 / 955·564·563

#루프드 스티치 LOOPED STITCHES

플라이 스티치 날개를 펼치고 날아가는 모양으로 수놓는 스티치 기법입니다. 기본 플라이 스티치와 나뭇잎 플라이 스티치를 단계별로 배워보겠습니다.

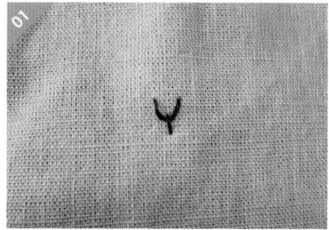
기본 플라이 스티치의 형태인 Y자 모양의 플라이 스티치입니다.

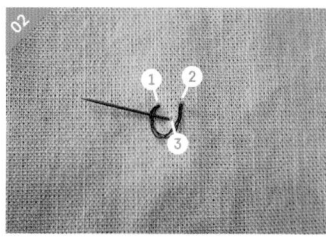
❶로 나와 ❷로 들어갑니다. 실로 만든 고리 모양을 유지한 상태로 ❸으로 나옵니다.

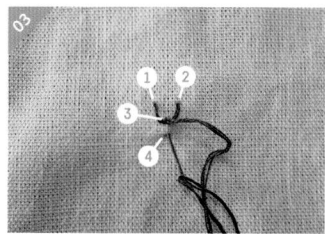
❸에서 직선 아래인 ❹로 들어갑니다.

------- 완성된 스티치 -------

#루프드 스티치 LOOPED STITCHES

변형 플라이 스티치 나뭇잎 도안에 가장 많이 쓰이는 기법으로 나뭇잎 도안 기둥을 중심으로 플라이 기법을 채우는 방법입니다.

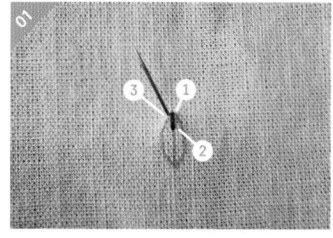
나뭇잎 도안 줄기 부분에 ❶과 ❷로 중심을 한 땀 잡아 놓고 시작합니다. ❸으로 나옵니다.

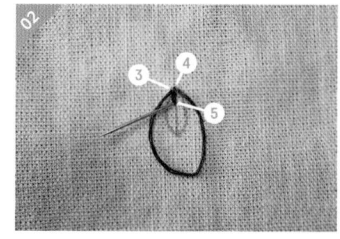
고리 모양을 만들며 ❹로 들어가고, ❺로 나오며 실을 당겨줍니다.

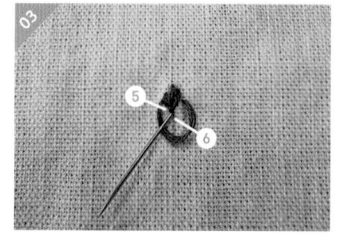
한 땀 아래인 ❻으로 들어갑니다.

세 번 째

변형 스티치 배우기

레이지 데이지 스티치 : 352·754·758 / 3770·54 / 3778·3770
스파이더 웹 로즈 스티치 : DMC 25번사 745 / 90 / 3823

#체인드 스티치 CHAINED STITCHES

레이지 데이지 스티치
꽃잎이나 잎사귀 표현할 때 사용하며, 다양한 무늬를 표현하기에 좋은 스티치 기법입니다.

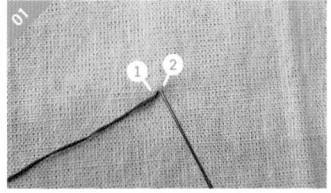
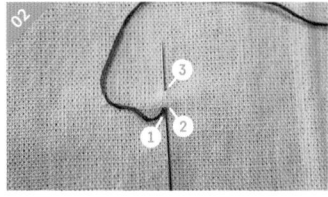
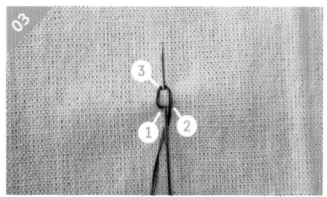

❶로 나오고 바로 옆 ❷로 들어갑니다.

❸으로 나옵니다.

❶에서 나온 실을 ❸의 바늘 뒤로 고리를 걸어 빼줍니다.

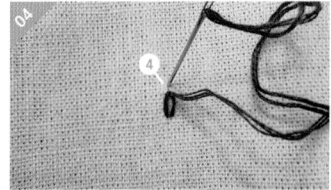
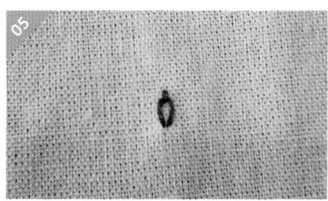

고리를 만든 실 위로 ❺를 넣어줍니다.

레이지 데이지 꽃잎 모양 완성

------- 완성된 스티치 -------

#디태치드 스티치 DETACHED STITCHES

스파이더웹로즈 스티치
바탕 스티치에 실을 1가닥씩 걸러 가며 통과시켜 베 짜듯이 감아가는 스티치 기법입니다.

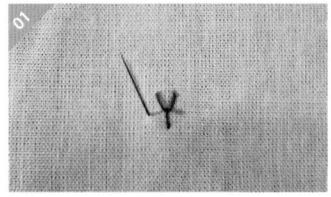
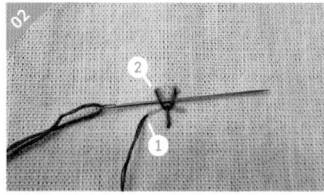
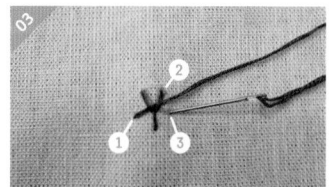

플라이 스티치 Y자를 만들고 시작합니다.

❶에서 나온 ❷ 바늘을 Y 아래로 통과시킵니다.

❸으로 들어갑니다.

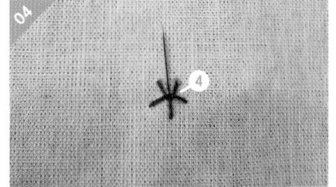
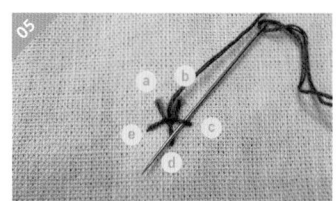

실이 교차되는 지점 위쪽 ❹에서 실을 뺍니다.

❸부터 ❺까지 바탕 스티치 실을 한 가닥씩 걸러 통과시키며 베를 짜듯이 감아줍니다. 소용돌이 모양으로 감아주면 장미꽃 모양이 나오기 시작합니다.

------- 완성된 스티치 -------

변형 스티치 배우기

서클 버튼홀 스티치 : DMC 25번사 211 / 210 / 209
오픈 버튼홀 스티치 : DMC 25번사 3743 / 3042 / 3041

#루프드 스티치 LOOPED STITCHES

서클 버튼홀 스티치 버튼홀 스티치, 오픈 버튼홀 스티치와 더블 버튼홀 스티치 모두 실 고리를 바늘 끝에 건 후 바늘을 빼서 수놓는 기법입니다.

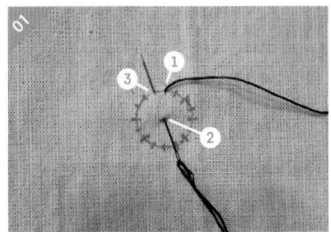

❶로 나온 실을 ❷로 넣고 다시 ❸으로 나옵니다.

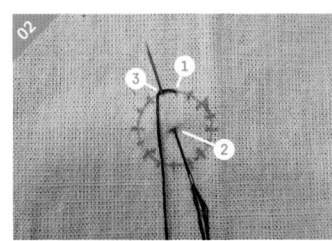

❶에 나와 있는 실을 ❸에 있는 바늘 뒤로 걸어줍니다.

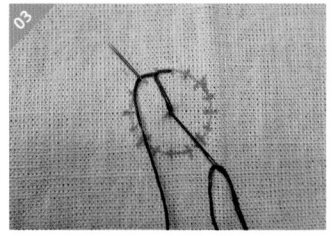

앞 단계를 반복하며 원형 도안을 채웁니다.

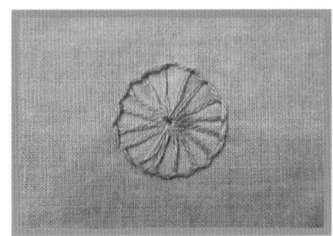

-------- 완성된 스티치 --------

\#

파트 002

사계절
홈꾸 스티치

작고 귀여운 꽃을 좋아합니다.
어느 날은 들꽃을 보며 사진도 찍고, 영상도 찍고 있으니
꼬마 숙녀가 조용히 다가와 뭐하냐고 물었습니다.

"꽃이 너무 예쁜데 집에는 데려갈 수 없어서
사진으로 남기려고 몇 개만 가져가요."

"그러면 다른 사람도 못 보고,
내년에 이 자리에서 못 보거든,
가져가고 싶니?"

아무 말 없이 끄덕이는 꼬마에게 잠깐 기다리라고 하고
떨어진 꽃을 몇 송이 찾아 주며 말했습니다.

"떨어진 꽃송이는 우리가 가져가도 괜찮아."

마치 보물찾기라도 하는 듯
꼬마 숙녀는 몇 송이를 더 찾아
엄마에게 달려가 자랑스럽게 말했다.

"엄마. 떨어진 꽃은 가져갈 수 있대.
꽃을 꺾지 않고 가져왔어."

SPRING

봄을 닮은 파우치 만들기

봄이 오면 노랑, 분홍, 연두….

생기가 넘치는 소품 장식으로 기분 전환하며
한 땀 한 땀 콧노래가 절로 나오는 푸릇함을
실로 그려봅니다.

32　사계절 인테리어 소품 자수

#플랫 스티치 FLAT STITCHES

페더 스티치
파우치에 들어가는 플라이 스티치의 변형 '페더 스티치'를 배워 봅시다.

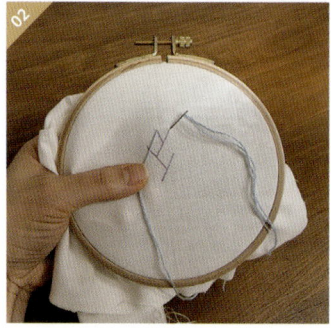

01 단계부터 03 단계까지가 기본 플라이 순서입니다.

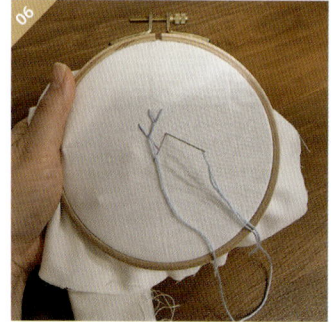

04 단계부터 다시 반복하면 페더 스티치입니다.

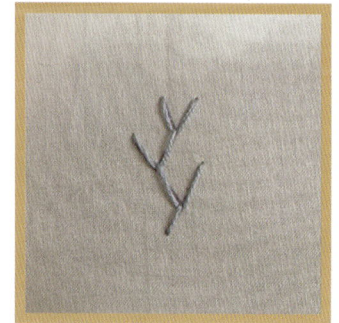

04 단계부터 08 단계까지 이어지는 플라이 스티치의 변형으로 나뭇가지 느낌을 표현해보세요.

-------- 완성된 스티치 --------

TIP 무지 파우치는 인터넷으로 쉽게 구매가 가능합니다.

라즈베리와 들꽃 파우치

붉은색으로 프렌치 노트 기법이 포인트라
더욱 앙증맞은 꽃 자수 파우치입니다.

들판에 가득한 작은 꽃송이를 생각하며
촘촘하게 채워보세요.

도안 사이즈 100mm × 100mm

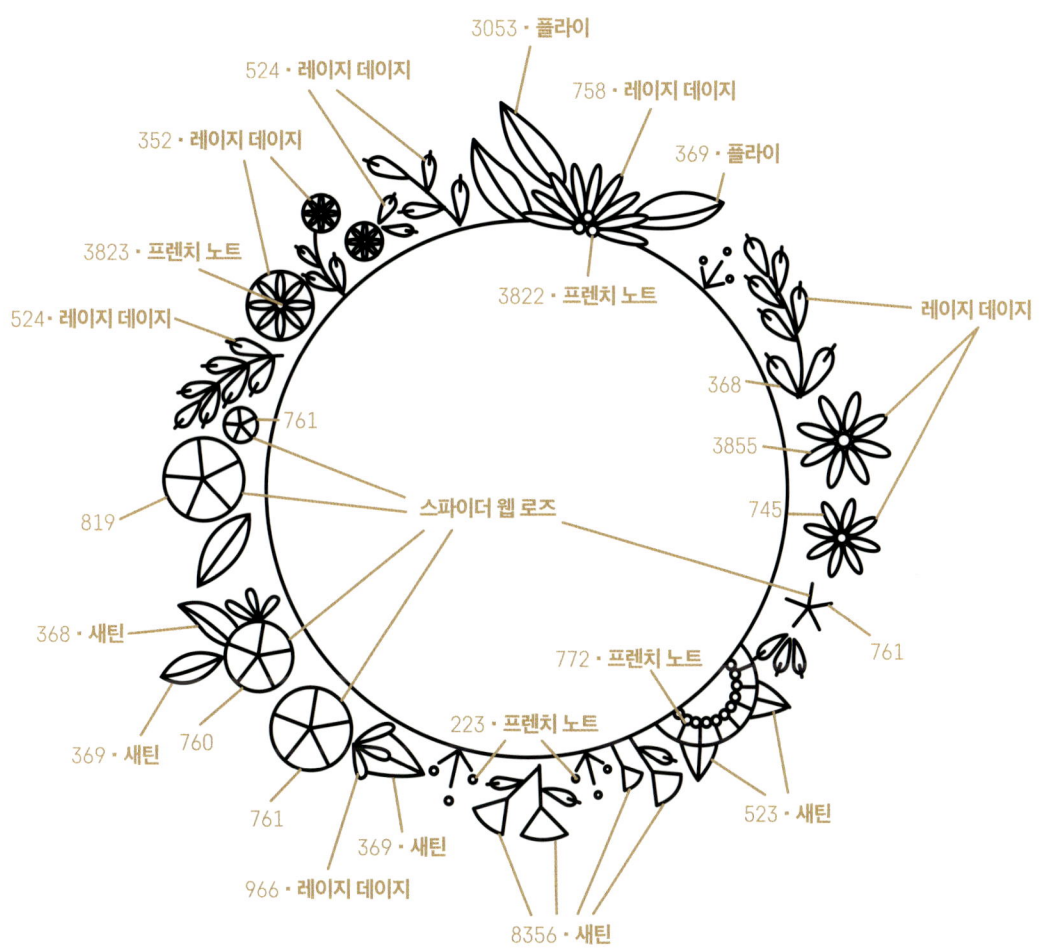

퍼플가드닝 파우치

연보라색 버튼홀 스티치와 레이지 데이지 기법이
포인트인 파우치를 만들어 보세요.

히아신스와 라일락 향기가 가득한 골목을 생각하면
연보랏빛 꽃잎이 가득한 소품을 만들고 싶어지죠.

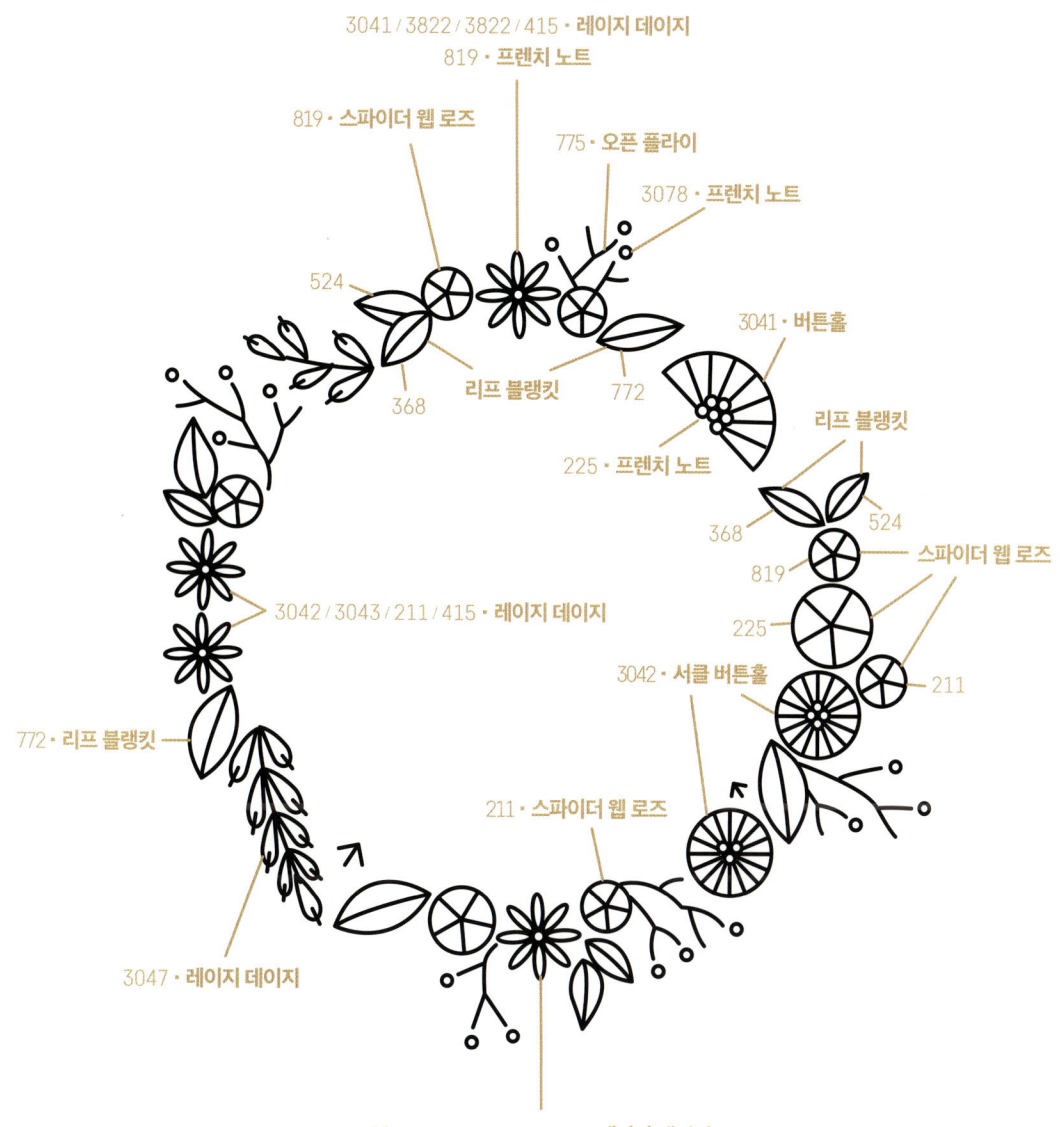

핑크로즈 파우치

동글동글한 분홍빛 자수 실로 채워
스파이더 웹 로즈 스티치가 포인트인 파우치를 만들어 보세요.

벚꽃이 핀 거리나 진달래와 철쭉이 가득한 공원을 보면
나도 모르게 '나 핑크 좋아했나?' 혹은
'나이 먹었나?' 하며 꽃 사진을 찍을 때가 있어요.

가만히 생각해보면 꼬꼬마 때도 늘 핑크빛 꽃은 사랑이었답니다.

도안 사이즈 95mm × 97mm

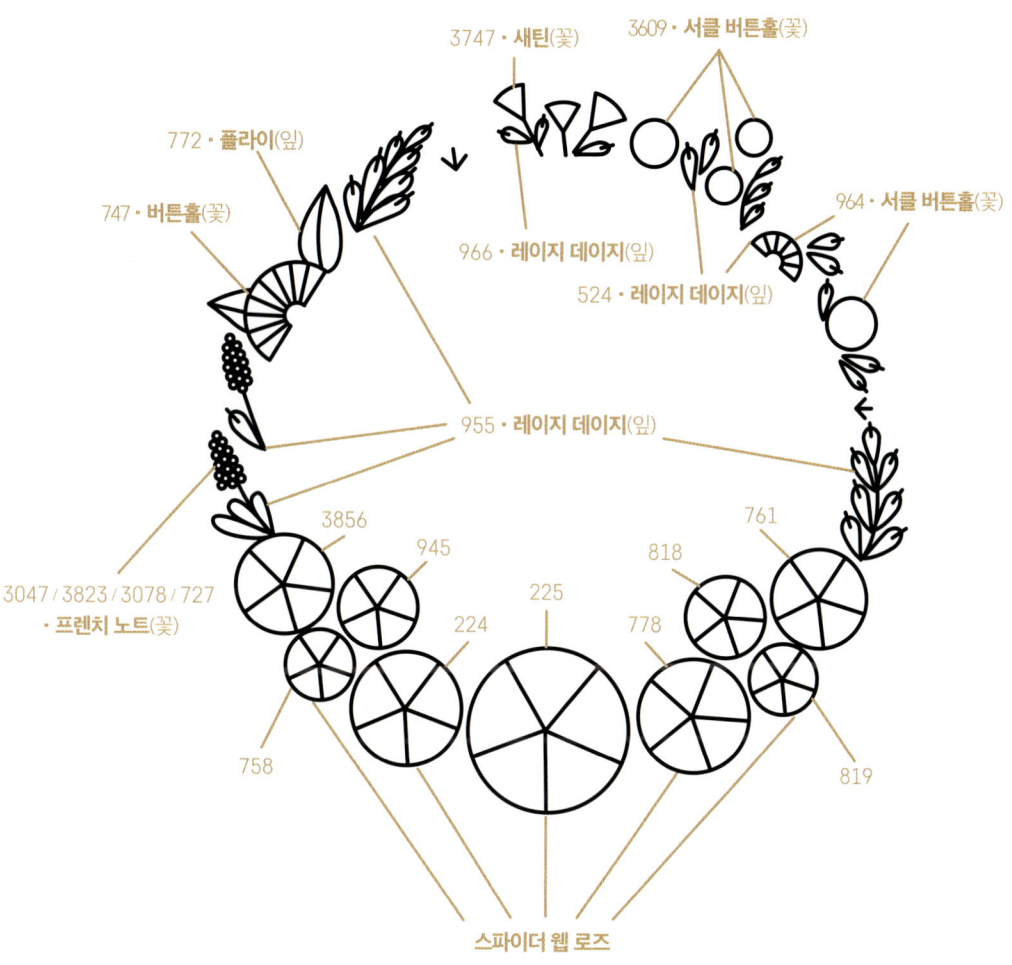

봄 | SPRING

▎따뜻한 차,
좋아하는 음악과 함께 봄을 기다리며

목련꽃은 벌써 봄이 왔다고 보송한 겉잎을 벗고,
고운 아이보리빛으로 옷을 갈아입었습니다.

목련을 가로질러 쏟아지는 햇살에
눈을 잠시 감았다 벚나무를 바라보니
벚나무도 제법 봄을 맞을 준비가 되었습니다.

내가 먼저 봄 인사를 하겠다고
동글동글 단단하게 자리를 잡은 봉우리들이
일주일만 기다리면 뽀얀 얼굴이 수줍게 인사를 하며
'자! 봄입니다.'하고 꽃비를 내리는 멋진 풍경을 보이겠지요.

SPRING

이 밤, 봄이 오는 기쁨

가끔 늦은 밤, 이른 새벽에 바느질이 하고 싶을 때가 있습니다.

라디오를 켜고, 혹은 좋아하는 음악을 조용하게 틀어 놓고
따뜻한 차와 함께 봄을 기다리며 바느질을 시작합니다.

자수실 컬러와 어울리는 원단을 활용해 작은 소품을 만들면
인테리어 매치에 활용하기 좋아요.

노란 체크 패턴이 예쁜 빈티지 원단과 어울리는 노란 꽃이 떠오르는 이 밤,
봄이 오는 기쁨에 노란 꽃을 수놓아 보렵니다.

#만들기 **HANDCRAFT**

자수에 패브릭 물감 사용하기 패브릭 물감으로 노란 꽃을 채워봅니다.

패브릭 물감은 흰색을 잘 활용하면 더 효과적으로 색을 표현할 수 있습니다. 꽃과 잎을 그릴 때 쓰는 노란색과 초록색에 흰색을 부분적으로 섞으면 그라데이션이 가능합니다.

Delight 액자

봄이 오는 기쁨을 액자에 담아 봅니다.
노란색 수선화 같은 겹꽃잎을
아크릴 물감과 아우트라인 스티치로 완성하고
가운데 비즈 장식도 넣어보세요.

비즈가 없어도 괜찮아요.
이 액자에 포인트는 Delight 레터링이니까요!
더블 백 스티치로 촘촘하게 들어가면
근사한 소품이 완성됩니다.

도안 사이즈 122mm × 133mm

식물 쇼핑을 가는 일은 저의 즐거운 소일거리 중 하나입니다.
그중에서도 화훼농장에 가는 것이 가장 즐겁습니다.
계절마다 작은 화분을 들이면
비록 분갈이는 번거롭지만 행복합니다.

알록달록 꽃봉오리가 한창인 봄,
작고 귀여운 꽃송이에 온 맘을 빼앗겨
장바구니가 또 가득합니다.

한두 개만 데려와야지 싶었지만
오늘도 실패입니다.
분갈이로 하루가 다 지날지도 모르지만
콧노래를 부르며 베란다 정원을 상상해봅니다.

크고 작은 꽃송이들 사이에
수줍게 보이는 노란 꽃송이로 수도 놓아야지.

SPRING

작고 귀여운 노란 꽃송이

노란 꽃들이 가득한 계절에
작고 귀여운 꽃송이를 채우고,

한 땀 한 땀 지갑을 만들어
동전도 립스틱도 작고 이쁜 향수도
넣어보세요.

#만들기 **HANDCRAFT**

자수에 귀여운 노란 비즈와 함께 수놓아봅니다.

지갑 도안은 겉 2장, 솜 2장, 속 2장 총 6장입니다.

그림처럼 겉 1장, 속 1장, 솜 1장 순으로 포개주세요.

02번 순서대로 포개면 그림처럼 됩니다.

창구멍을 빼고 시접 라인을 따라 바느질해주세요.

창구멍으로 원단을 뒤집어주세요.

뒤집어준 상태입니다.

창구멍을 막아주세요.

나머지 하나도 똑같이 만들어 나란히 준비해주세요.

준비해둔 앞장과 뒷장을 공그르기로 바느질해주세요.

준비해둔 앞장과 뒷장을 공그르기로 바느질해주세요.

동전 입구 라인과 똑딱이 바느질선에 맞게 이어서 바느질해주세요.

바느질선 안쪽으로 매듭을 짓고 똑딱이를 마무리합니다.

노란 꽃송이 동전 지갑 만들기

바람에 흔들리는 노란 야생화
연녹색의 작은 잎은 새틴으로 채우고,

작고, 귀여운 꽃송이를 비즈와 함께
수놓아 봅니다.

도안 사이즈 65mm × 56mm

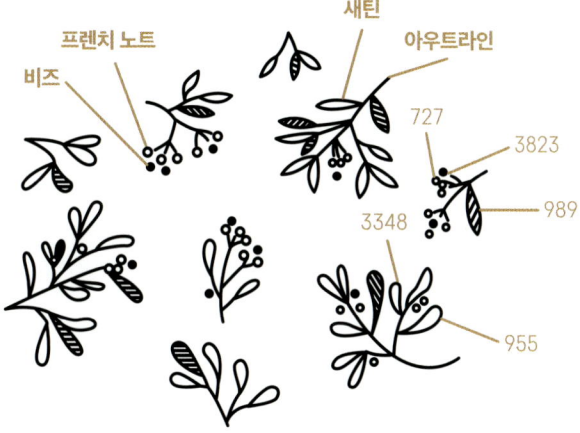

봄 | SPRING

어린 시절 아카시아, 샐비어 꽃처럼
꽃잎을 따 쪽쪽 빨면 달고 맛나던 꽃 간식을 기억하나요?
방학이면 강으로 놀러 가 민물 고둥을 잡고요.
노을 진 풍경을 지나 숲으로 들어가면
보석처럼 반짝이는 반딧불이를 추억하던 어느 날
평소와 다른 새해 계획을 추가하며 지키기를 몇 년입니다.

철저한 분리수거하기
분리수거 불가능 제품 줄이기
용기를 들고 장 보기를 하고,
일주일에 한 번은 비건 음식 섭취하기
올해는 새로운 목표보다는 조금 더 실천하고,
비건 음식 섭취 날짜를 하루 더 늘려보기로 했지요.
버려지는 것을 업사이클링으로 다시 쓰기도
몇 년을 이어가지만 여전히 나는 부족한 사람이라며
자책을 하다가도 '아니야. 이렇게라도 해야지'하곤
정신을 차려봅니다.
그리고 어느 날의 일기장엔 이런 일도 있었습니다.

작은 용기 4개, 재사용 가능 지퍼팩 2장
에코백 3장을 들고 시장에 간 날입니다.
고소한 냄새가 진동하는 기름집 옆에서
구운 김을 팔기에 그래 포장 김 한번 먹으면
쓰레기가 많이 나오니 오늘은 여기서 구운 김을 사야겠다.

- 사장님 구운 김 여기에 담아주세요.
인상을 찌푸리며,
- 그냥 앞에 포장한 거 가지고 가요
사장님께 웃으며
- 재활용품 줄이려고요.
그러니 바스락거리는 구운 김을 가져간 재사용 팩에
넣어주시며 굳이 안 해도 될 말로 기분을 상하게 하시더라
그냥 편하게 살지, 그거 한다고 공기가 좋아지나 물이 좋아지나
그렇다. 나 혼자 한다고 공기가 좋아지거나,
물이 좋아지는 건 아니다만 최소한 내 집, 내 주변은
깨끗할 수 있고, 작은 실천으로 또 다른 원동력인걸
씁쓸한 기분을 뒤로하고, 업사이클링 실천도 해보자던
그날의 일기 내용을 보며 버려질 물건을
한 번 더 써보기로 했습니다.

싱그러움 , 녹음이 가득한 소품 만들기

버리기보다는 다시 만들기!

기후변화로 벚꽃이 개화해야 할 시기에 이미 꽃은 지고,
여름이면 이곳이 우리나라가 맞는지 헷갈리죠.

해마다 심해지는 폭우와 갈수록 습해지는 날씨를 보며
지구에게 미안한 생각이 들어 업사이클링을 시작해봅니다.

유리가 깨진 액자를 이니셜 액자로 만들 거예요!

54　사계절 인테리어 소품 자수

#만들기 **HANDCRAFT**

액자판에 이니셜 꽃 자수 고정하기 준비물: 이니셜 꽃 자수를 채운 원단, 레이스 원단 10cm, 유리가 깨진 액자 뒷면

작업이 끝난 이니셜 꽃 자수를 뒷면으로 펼쳐주세요.

이니셜 꽃 자수 위에 액자 뒷면을 올려주세요.

이니셜 꽃 자수 원단 모서리에 바느질*을 해주세요.

레이스 원단을 원하는 사이즈로 준비해 올려줍니다.

레이스 원단 위치를 잡아주세요.

레이스 원단 위치를 잡았으면 뒤집어서 바느질하거나 목공풀로 붙여주세요.

TIP 바느질은 홈질, 박음질 상관 없어요. 모서리에 바느질이 힘들다면 목공풀을 이용해 고정해주셔도 됩니다.

#플랫 스티치 | FLAT STITCHES

레이지 데이지 기법으로 이니셜액자 꽃 만들기   과정 01 ~ 05까지 데이지 기법으로 채우기

도안 중앙에서 약간 위 지점으로 바늘을 뺍니다.   도안 중앙 위 지점에 일자 선 순서대로 레이지 데이지 기법◦을 들어갑니다.

TIP   레이지 데이지 기법 설명 페이지(25p) 참고

업사이클링 액자 R

싱그러운 초록빛의 레이지 데이지 스티치와
스파이더 웹 로즈 스티치가 포인트인
재사용 액자 소품을 만들어 보세요.

자연스러운 느낌을 주는 리넨에 자수를 하면
시간이 지날수록 더 멋진 소품이 될 거예요.

도안 사이즈 125mm × 150mm

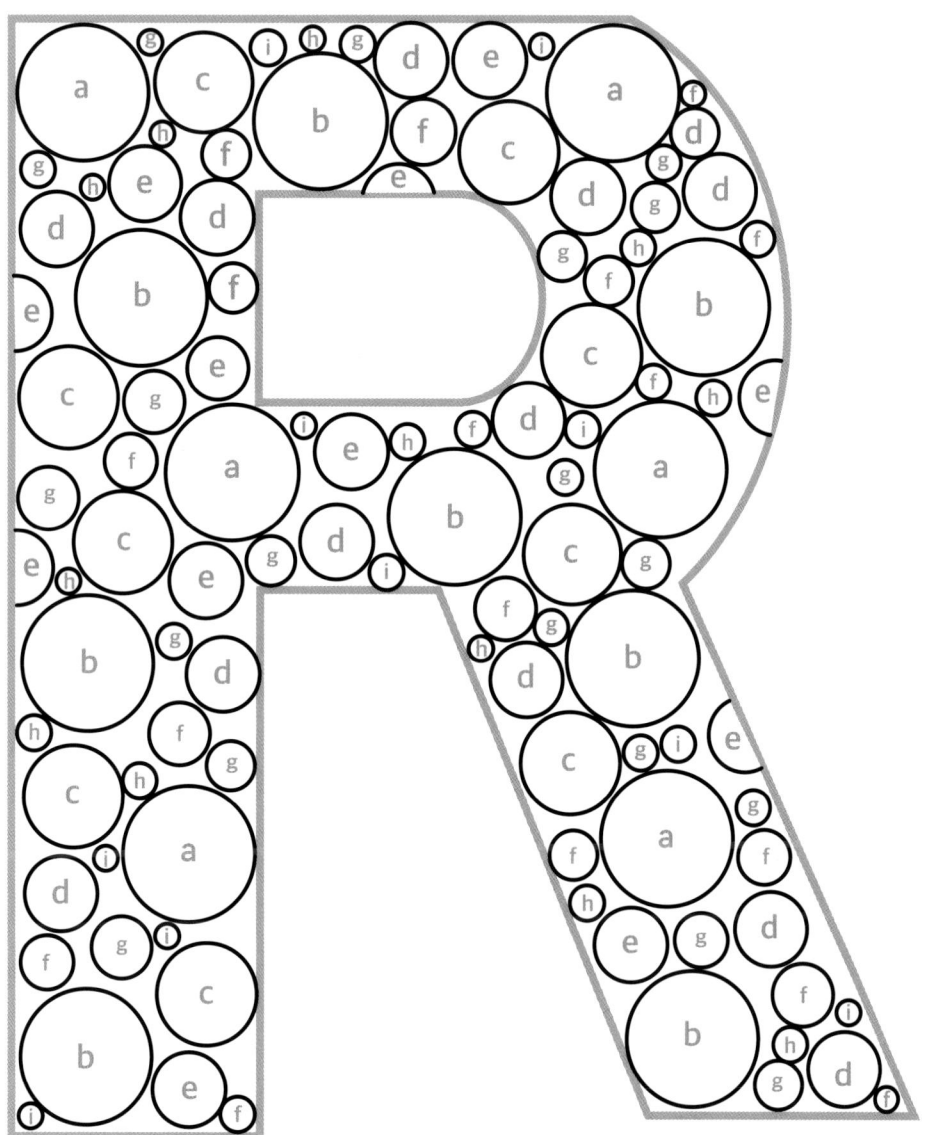

레이지 데이지 (큰 꽃), 프렌치 노트 (꽃 수술) —— **a** 524,437 / **b** 522,841 / **c** 523,945

레이지 데이지 (작은 꽃), 프렌치 노트 (꽃 수술) —— **d** 3817 / **e** 502

스파이더 웹 로즈 —— **f** 644 / **g** 647 / **h** 3072 / **I** 3053

여름 | SUMMER

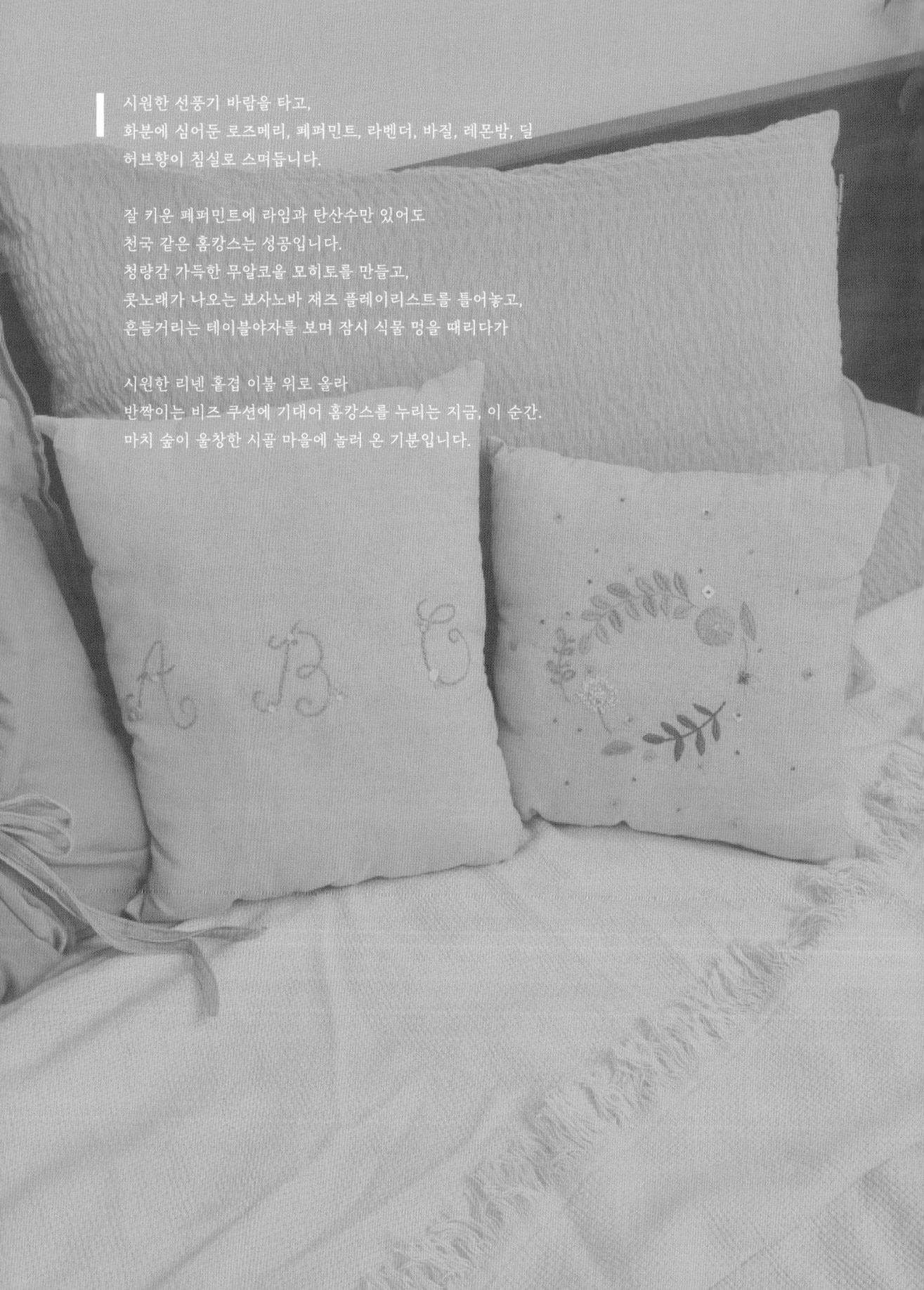

시원한 선풍기 바람을 타고,
화분에 심어둔 로즈메리, 페퍼민트, 라벤더, 바질, 레몬밤, 딜
허브향이 침실로 스며듭니다.

잘 키운 페퍼민트에 라임과 탄산수만 있어도
천국 같은 홈캉스는 성공입니다.
청량감 가득한 무알코올 모히토를 만들고,
콧노래가 나오는 보사노바 재즈 플레이리스트를 틀어놓고,
흔들거리는 테이블야자를 보며 잠시 식물 멍을 때리다가

시원한 리넨 홑겹 이불 위로 올라
반짝이는 비즈 쿠션에 기대어 홈캉스를 누리는 지금, 이 순간.
마치 숲이 울창한 시골 마을에 놀러 온 기분입니다.

SUMMER

홈캉스 소품으로 재탄생

집이 최고라며 휴가는 집에서 즐기는 집순이는
홈캉스를 위해 침실 분위기를 바꿔봅니다.

보기만 해도 시원한 리넨 원단에
작은 알파벳 Ａ Ｂ Ｃ 반짝이는 비즈로 기분전환을 해보세요.

자주 써서 질린 리넨 쿠션도 새롭게 태어납니다.

여름 | SUMMER

ABC 쿠션

레터링 자수로 많이 쓰이는
더블 백 스티치로 알파벳을 채우고,

스파이더 웹 로즈 스티치로
아기자기한 꽃 자수 포인트 장식을 하면
유행도 안 타는 레터링 자수가 완성됩니다.

비즈 쿠션

기초 잎 스티치에서 많이 쓰이는 기법들과
다양한 비즈로 쿠션을 만들어보세요.

도안에 보이는 기초 선 스티치를 모두 채우고
기초 잎 스티치와 꽃송이 같은 자수와 비즈 장식을 나중에 채우면
자수가 더 깔끔해집니다.

SUMMER

블루스타 손거울 & 머리 끈

밤하늘 별처럼 빛나는 꽃, '옥시페탈룸'.
별 모양을 닮아 '블루스타'로도 불리는 이 꽃은
봄을 보내고 여름을 맞이할 때쯤
꽃집에서 자주 볼 수 있어요.

오묘한 푸른 빛을 뽐내는 블루스타 자수로
시원한 여름 아이템을 만들어볼게요.

#만들기 HANDCRAFT

자수가 들어간 작은 소품 만들기   준비물: 손거울, 머리 끈의 부재료는 인터넷으로 쉽게 구매할 수 있습니다.

자수가 끝난 도안의 크기보다 1센티 정도 크게 잘라 바느질합니다.

철제 몸통을 감싼 실을 쭉 잡아 마무리 한 후 손거울이나 포니테일 머리 끈에 접착제를 얇게 발라 원단 싸개가 마무리된 작품을 위에 올리고 1분 동안 눌러주세요.

블루스타 손거울 1

하늘색 같은 파란색 계열이 주는 청량함으로 무장한
블루스타를 손거울로 만들어
다가오는 여름 파우치 속에 준비해보세요.

시원한 화이트 리넨 원단 위에
여리여리한 꽃잎을 가득 채워볼 거예요.

도안 사이즈 58mm × 58mm

실제 사이즈

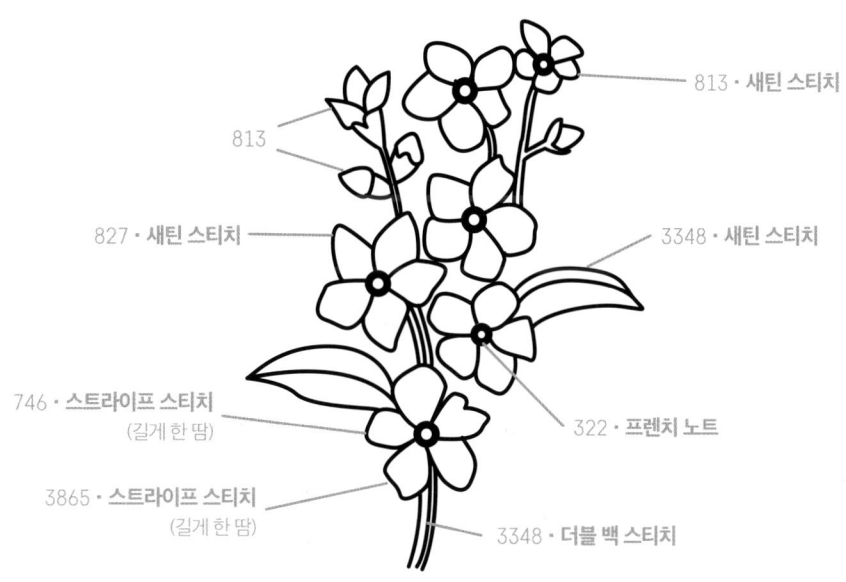

813

827 · 새틴 스티치

746 · 스트라이프 스티치
(길게 한 땀)

3865 · 스트라이프 스티치
(길게 한 땀)

813 · 새틴 스티치

3348 · 새틴 스티치

322 · 프렌치 노트

3348 · 더블 백 스티치

여름 | SUMMER 73

블루스타 손거울 2

아기자기한 블루스타를 가까이 크게 보면
완벽한 별 모양에 매료되어
자꾸만 멍하니 있게 되기 마련입니다.

매력적인 블루스타를 좀 더 크게 수놓아
여러분의 화장대 위에도
옥시페탈룸의 시원한 청량감을 더해보아요.

도안 사이즈 58mm × 58mm

실제 사이즈

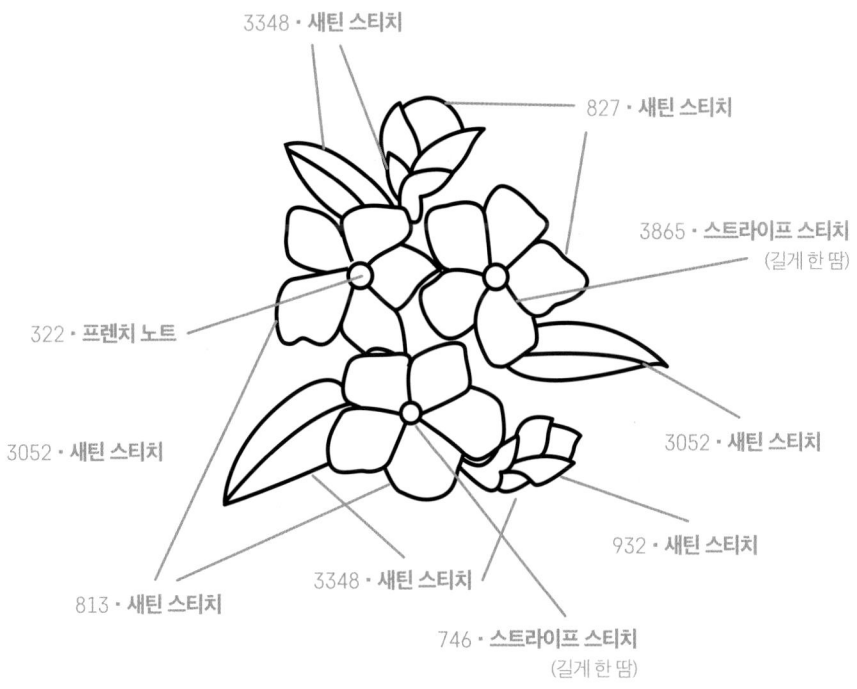

3348 · 새틴 스티치

827 · 새틴 스티치

3865 · 스트라이프 스티치
(길게 한 땀)

322 · 프렌치 노트

3052 · 새틴 스티치

3052 · 새틴 스티치

932 · 새틴 스티치

813 · 새틴 스티치

3348 · 새틴 스티치

746 · 스트라이프 스티치
(길게 한 땀)

여름 | SUMMER

블루스타 머리 끈 1

눈부신 뜨거운 햇살에
긴 머리를 포니테일 스타일로
시원하게 묶고 다니는 게 편한 계절이 왔다면
머리 끈을 여러 개 만들어 친구들에게 선물해보세요.

여리여리한 꽃잎을 작게 표현해
미니 리스처럼 만들어볼게요.

도안 사이즈 30mm × 30mm

실제 사이즈

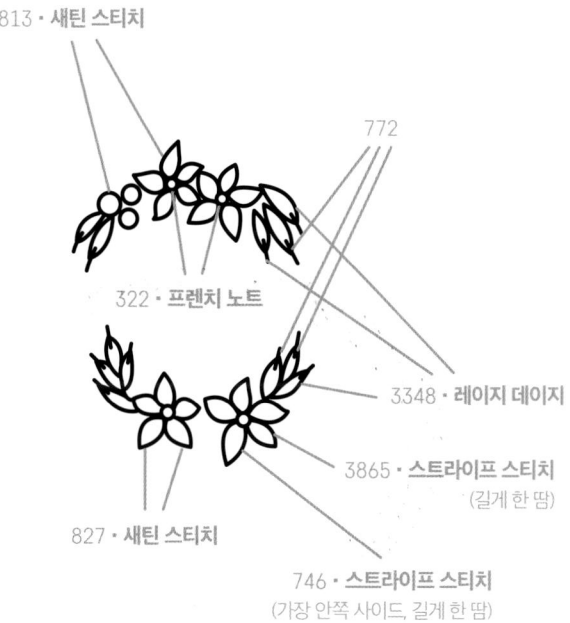

813 · 새틴 스티치
772
322 · 프렌치 노트
3348 · 레이지 데이지
3865 · 스트라이프 스티치
(길게 한 땀)
827 · 새틴 스티치
746 · 스트라이프 스티치
(가장 안쪽 사이드, 길게 한 땀)

여름 | SUMMER

블루스타 머리 끈 2

하늘색 시폰 원피스에도
하얀색 펀칭 블라우스에도
기본적인 흰 셔츠에도 어울리도록

하늘색과 파란색이 섞여 오묘한
별 같은 꽃잎을
꽉 채워 만들어볼게요.
도안에 봉우리 꽃잎부터 연습하며
새틴을 들어가봅니다.

도안 사이즈 30mm × 30mm

실제 사이즈

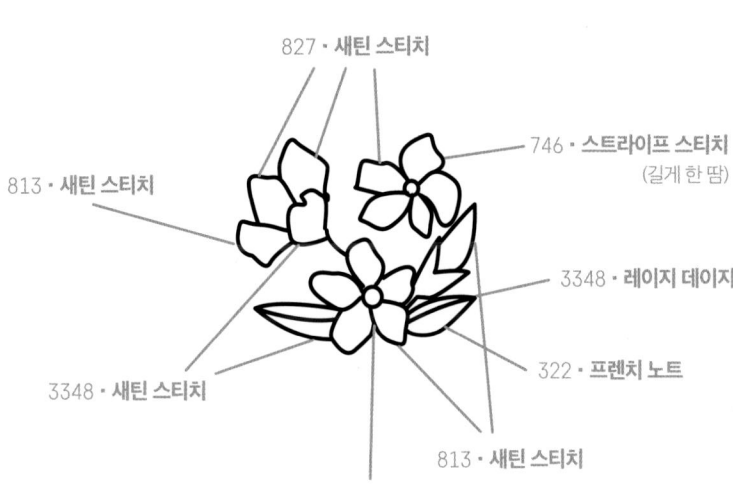

827 · 새틴 스티치
746 · 스트라이프 스티치
(길게 한 땀)
813 · 새틴 스티치
3348 · 레이지 데이지
322 · 프렌치 노트
3348 · 새틴 스티치
813 · 새틴 스티치
3865 · 스트라이프 스티치
(길게 한 땀)

여름 | SUMMER

가을을 맞아
비는 하루가 멀다고 쉴 틈 없이 내리고,
앞마당 텃밭에는
무성한 초록이 늦여름을 부여잡고 있습니다.

물에 꺾꽂이한 뒤 작은 화분에 심어줬던
나비란도 어느새 자리 잡았습니다.
조금 서늘해지면 고마운 분들께
하나씩 마음을 담아 보내드릴 생각에
비가 오는 오늘도 우산을 쓰고 화분을 하나씩 들여다봅니다.

가을비가 끝나면 하늘은 높아지고
무성한 초록도 빨갛게, 노랗게 물들겠지요.
피크닉 가방과 돗자리를 들고
가을 소풍을 나갈 생각에 벌써 설렙니다.

가을 소풍에 멋을 더하다

에코백에 카메라와 작은 책,
따뜻한 홍차를 담은 텀블러를 넣고

산과 들을 울긋불긋하게 수놓은 단풍을 보러
포근한 니트에 케이프를 두르고 떠나봅니다.

#만들기 **HANDCRAFT**

에코백에 꽃 자수 입히기   사은품으로 받은 에코백에 작은 꽃 자수를 더해 나만을 위한 단 하나의 에코백을 만들어봅니다.

원단 색과 어울리는 퀼팅 실을 준비해주세요.

바느질하면서 잡기 편하도록 가방 위를 돌돌 말아주세요.

에코백의 기존 프린팅 바깥 부분에 시작점을 잡아 바느질을 시작합니다.

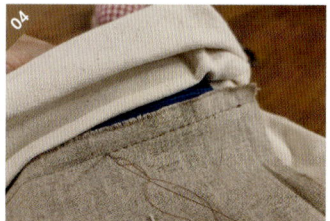

촘촘한 홈질로 땀 폭을 좁게 잡아 바느질해야 튼튼합니다.

아래쪽 바느질이 끝나면 돌돌 말아준 가방을 다시 펴주세요.

들꽃 자수 에코백

여기저기서 받은 증정용 에코백을
단 하나의 에코백으로 만들어보세요.

새틴 기법은 보기엔 단순해도
직접 해보면 쉽지 않지만

작은 도안을 여러 번 반복하면
확실히 맘에 쏙 드는 결과물이 나올 거예요.

도안 사이즈 27mm × 48mm

꽃 —— 754, 758, 3779
꽃수술 —— 356, 3778
잎 —— 522, 524

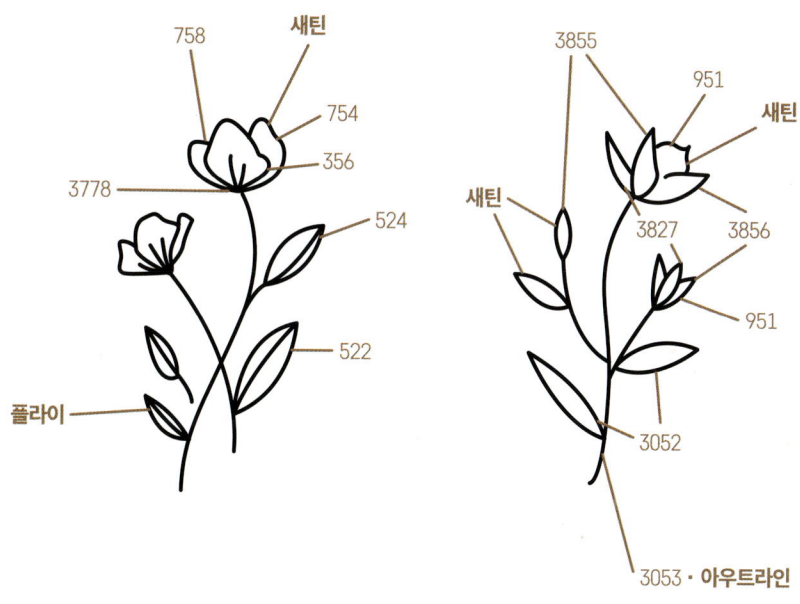

가을 | AUTUMN

나의 사소한 일상을 물어보는 사람,
취향을 공유하고 좋은 하루를 보냈냐고 물어주는 사람,
잠은 잘 잤는지, 밥은 잘 먹었는지 물어보는 사람이 있다는 것은
내가 상당히 잘 살아가고 있다는 거 아닌가요.

작은 관심이 세상을 살아가는 힘이 되고 버팀이 됩니다.
나 역시 바라는 것 없이 누군가에게 그저 힘이 되고 싶습니다.

존재 자체로 힘이 되는 사람,
익숙함에 소중함을 모르고 사는 일이 없도록
'밥은 먹었니?'라며 사소한 다정함을 전해 주는 사람에게
오늘도 감사한 마음을 가져봅니다.

오늘은 그 사소한 다정함이 고마운 사람과 데이트합니다.
즐겨 입는 롱 원피스에 스웨터를 입고,
케이프 리본도 정성스럽게 묶어 미소를 지어봅니다.
'잘 지냈어?' 반갑게 사소한 안부를 물어보러 다녀올게요.

가을 소풍에 멋을 더하다

봄에도 가을에도 유독 소녀소녀한
원피스나 니트를 즐겨 입습니다.

심심한 옷에도 케이프 하나만 툭 걸치면
왜인지 이쁨받고 자란 숙녀가 된 느낌입니다.

그래서 저는 케이프를 좋아합니다.

가을 | AUTUMN

#만들기 **HANDCRAFT**

케이프 만들기
평소 즐겨 입는 셔츠 카라의 목둘레를 측정해 수정해서 도안을 그리시면 좋아요.

케이프 도안은 앞뒤로 한 장씩 필요합니다. **앞장:** 자수가 들어가는 리넨 원단, **뒷장:** 안감 면원단

오른쪽 -처음과 -끝 표시 부분 창구멍을 빼고 바느질 도안 선 전체를 바느질해주세요. 바느질이 끝나면 도안선 밖으로 조금씩 잘라 가위집을 만들어주세요. * 사진에 보이는 도안선 밖으로 보라색 펜처럼 잘라주시면 됩니다.

바느질과 가위집 작업이 끝나면 창구멍으로 뒤집어주세요.

좁은 입구는 시접만큼 안으로 넣어주세요. 뾰족한 가위를 이용해 앞뒤를 깔끔하게 정돈하며 넣어줍니다.

#만들기 **HANDCRAFT**

| 케이프 만들기 | 평소 즐겨 입는 셔츠 카라의 목둘레를 측정해 수정해서 도안을 그리시면 좋아요. |

  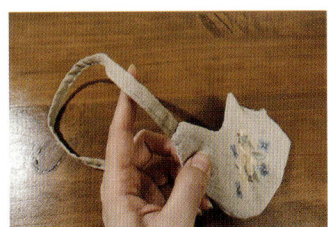

좁은 입구 시접 안으로 리넨 끈을 넣어 바느질해주세요.

사진처럼 앞, 뒷장 바느질이 끝난 케이프의 왼쪽, 오른쪽, 뒷목라인 창구멍을 모두 공그르기해주세요.

사진처럼 왼쪽 뒷목라인 끝선을 공그르기해서 이어주세요. 오른쪽도 반복하면 완성입니다.

사랑스러운 케이프

기본적인 색감으로 롱 앤 쇼트 스티치 꽃자수를 놓아
고급스럽게 표현해보세요.

꽃잎 먼저 채우고 가운데 체인 스티치를 나중에 하시면
완성도가 더 높아집니다.

도안 사이즈 107mm × 79mm (위) / 107mm × 79mm (아래)

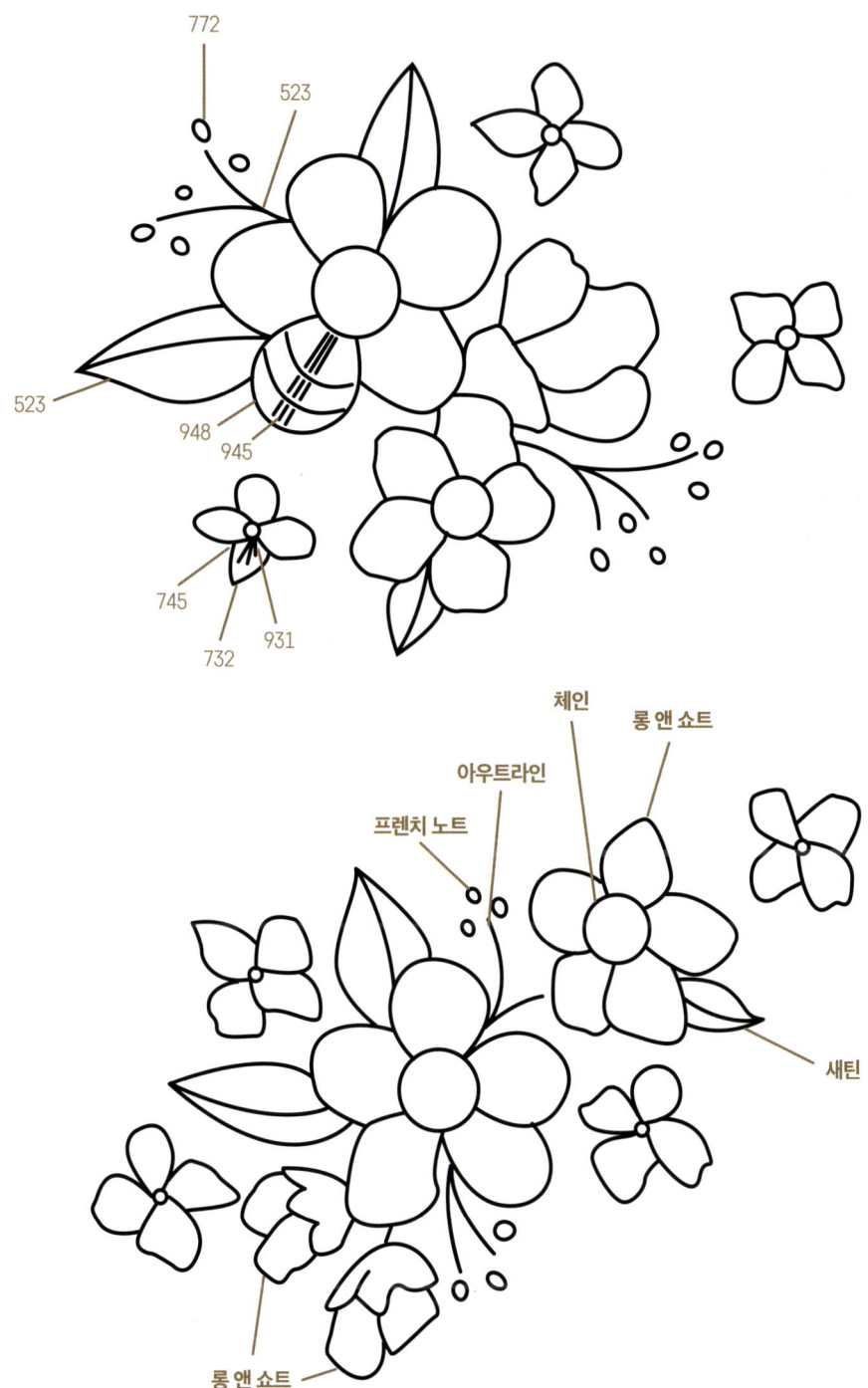

가을 | AUTUMN

매 순간이 특별하게 느껴지길.
오늘은 이 길 위를 걷고,
내일은 저 길 위에 추억을 만들고 오자.

항상 즐거움 가득한 눈빛으로 웃어주길.
가을 내음이 가득한 공원을 다 돌고 나면
만족스러운 눈빛을 서로 주고받으며
우리가 매일 듣는 음악을 들어보자.

오늘도 감사해.
내일도 사랑해.

AUTUMN

레드 체인 반려견 케이프

유독 가을 산책을 더 좋아하는 거 같아요.

붉게 물들어 떨어진 낙엽 위를 걸으면
바스락바스락 노즈 워크를 하느라
정신을 못 차리는 반려견에게
가을 케이프를 만들어주는 건 어떨까요?

단풍도 노을빛도 찰떡인 레드 체인스티치가 포인트인
반려견 케이프를 만들어볼게요.

#만들기 **HANDCRAFT**

> **케이프 만들기** 자수가 끝난 원단 앞장, 뒷장. 끈은 기본 시접 0.7cm 넓이로 3등분에 길이는 30cm로 준비합니다.

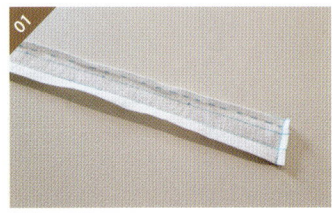

0.7 시접 3등분 첫 번째 줄은 반 접고 또 한 번 접어주세요. 맨 아래 줄도 접어서 바느질 준비합니다.

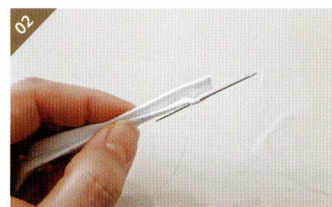

공그르기로 바느질합니다.

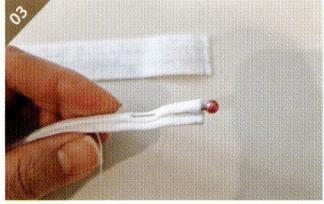

바느질이 편하게 접히는 부분을 고정해 바느질합니다.

붉은 선을 빼고 바느질 후 원단을 뒤집어주세요. 혹은 끈이 들어가는 옆과 윗선 전체를 빼고 원단을 뒤집어주세요.

뒤집어 준 케이프입니다.

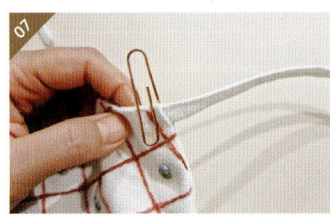

윗선 공그르기를 하기 전에 끈을 먼저 넣어줄 거예요.

앞장과 뒷장 사이로 넣어 고정 후 바느질해주세요.

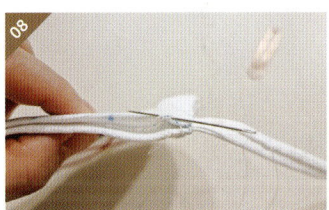

윗부분도 공그르기로 바느질해주세요.

반려견 케이프

빈티지한 레드 컬러 자수 실로
체인 스티치를 채우고, 포인트 꽃을 수놓아

사랑스러운 반려견 케이프를 완성해봅니다.

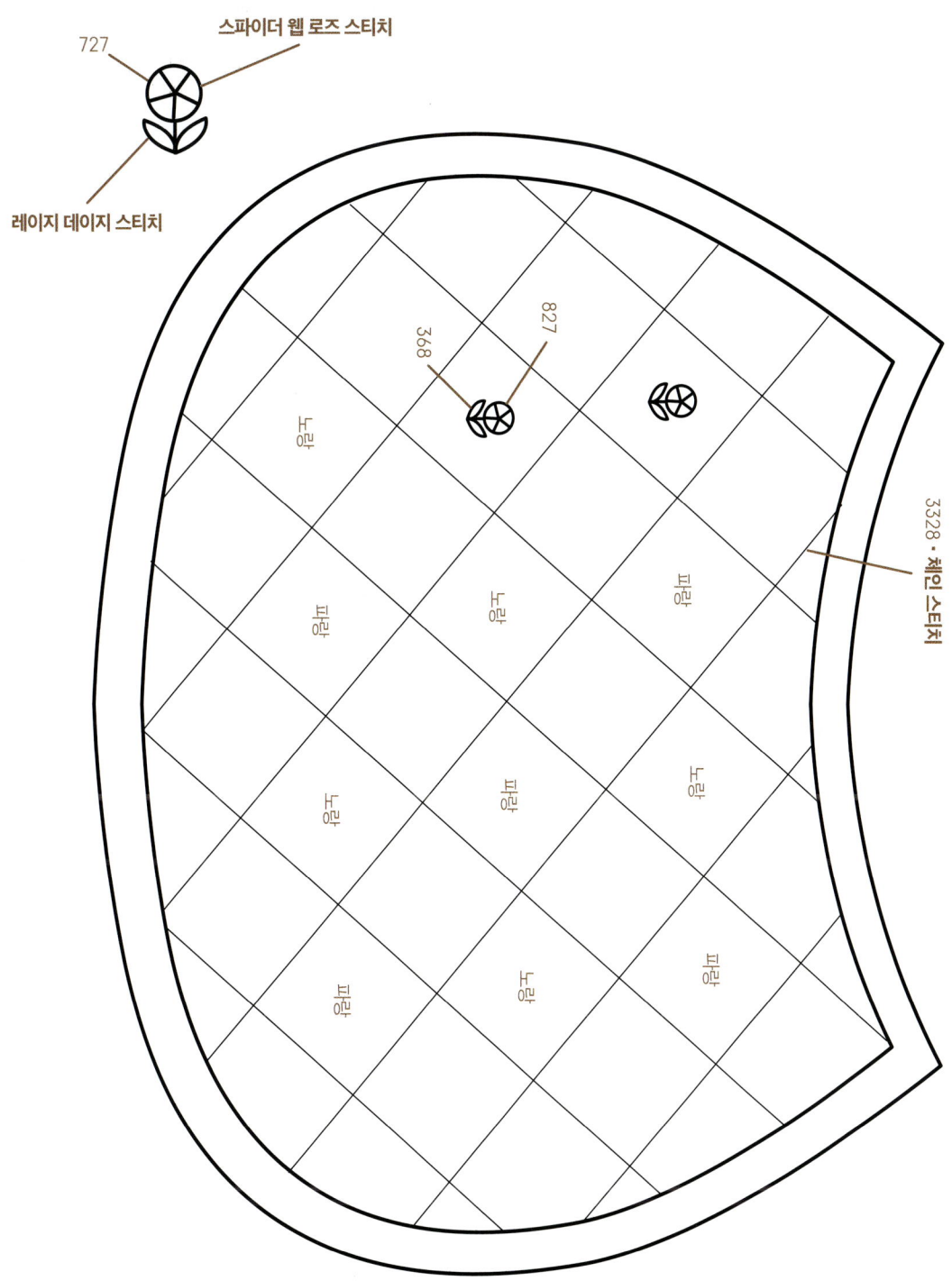

보름달에 소원을 빌어요.
누군가의 성공을, 행복을, 축복을.
물론 저와 가족의 건강과 행복도요.

제 주변엔 정말 멋진 분들이 많아요.
이미 나보다 성공했고, 행복하고, 잘살고 있는데 응원하는 이유는
그들의 빛나는 인생을 가까이 보면서
한 걸음씩 더 발전하는 나를 발견하기 때문이죠.

올해도 멋지게 살아온 당신의 노력을 멀리서 응원합니다.
노력이 없다면 성공도 행복도 누릴 수 없잖아요.

밝게 빛나는 달빛을 바라보며
늦은 밤 작업대 위에서 수를 한 땀 한 땀 놓으며
그렇게 소원을 빌어봅니다.

WINTER

보름달을 보며 소원을 빌어요

달빛이 가장 빛나는 동지가 오면
이제 겨울이 오는구나 실감합니다.

길고 긴 밤,
창틈으로 보이는 보름달에 소원을 빌어봅니다.

102 사계절 인테리어 소품 자수

#만들기 **HANDCRAFT**

문라이트 채색하기 패브릭 물감 농도가 진하면 바느질이 힘들어요. 물감보다 물 비율이 높은 수채화처럼 색칠하면 자수 놓기가 쉽답니다.

문라이트 수틀 도안을 그린 후, 자수 작업에 들어가기 전 패브릭 물감으로 채색을 먼저 해주세요. 컬러 농도는 채색이 들어가기 전에 취향에 따라 먼저 조절합니다.

연필로 가이드라인을 미리 그리면 쉽게 채색할 수 있어요.

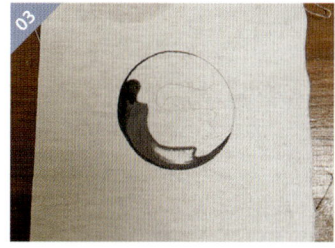 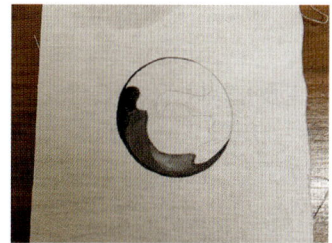

음영을 잡기 힘들다면 왼쪽이든 오른쪽이든 한쪽을 정하고, 해당 방향에 진한 색을 먼저 칠해주세요.

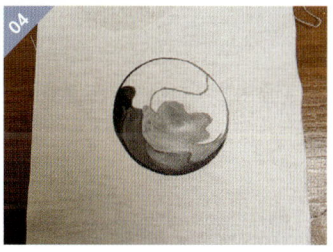 

가운데 부분은 물감의 농도를 조절하며 취향에 따라 번지듯 칠해주세요.

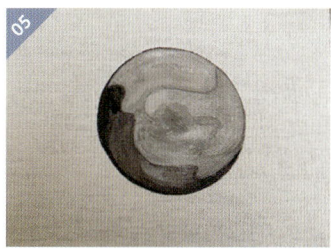 

채색이 끝나면 패브릭 물감이 잘 마르도록 선선한 곳에 최소 3시간은 말려주세요. 바늘이 나올 때 물감이 묻지 않도록 잘 말려줘야 합니다.

문라이트 소, 중, 대 수틀 작품

벽걸이로 쓰기 좋은 튼튼한 수틀에
채색 작업으로 준비한 원단을 끼워
반짝이는 달빛을 꽃 자수와 비즈로 표현합니다.

도안 사이즈 70mm × 70mm

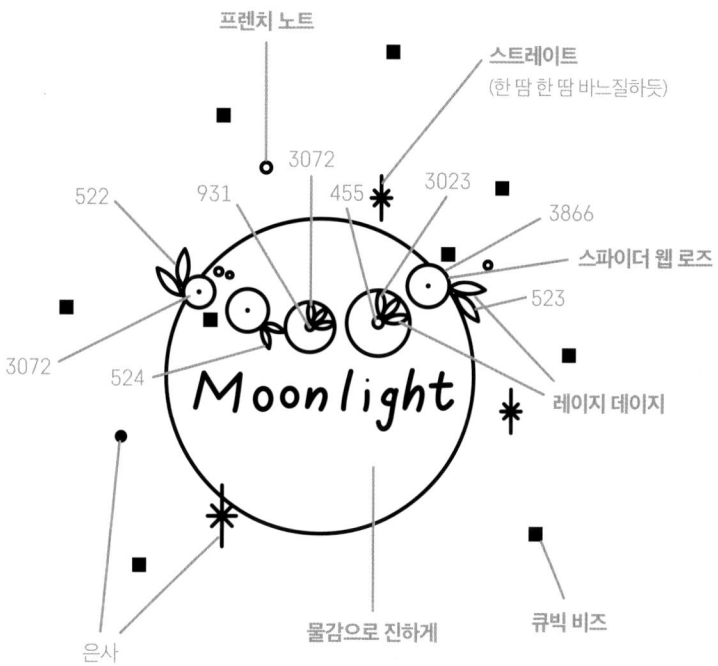

도안 사이즈 100mm × 84mm

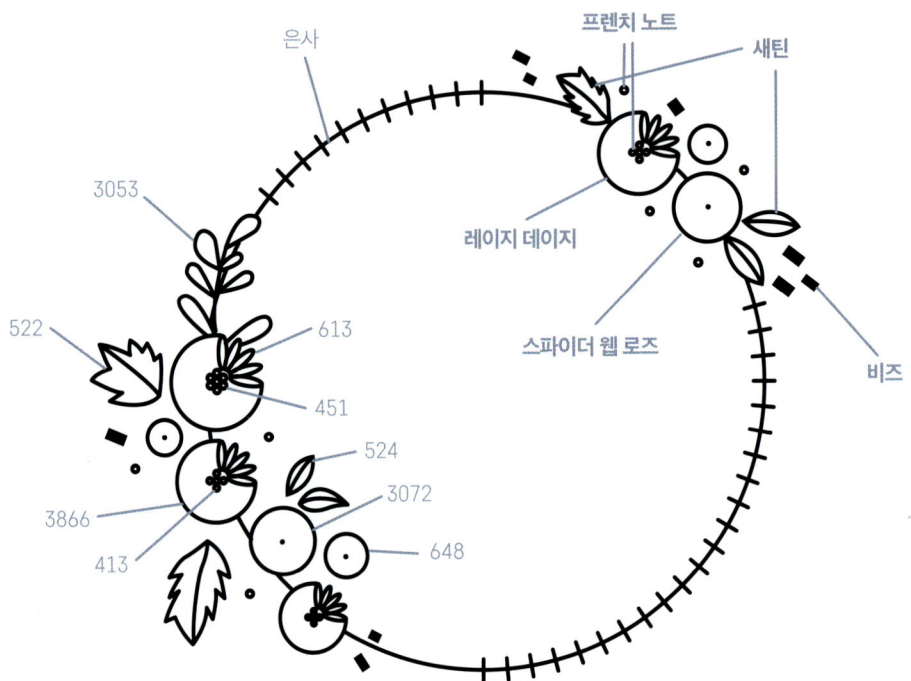

도안 사이즈 116mm × 116mm

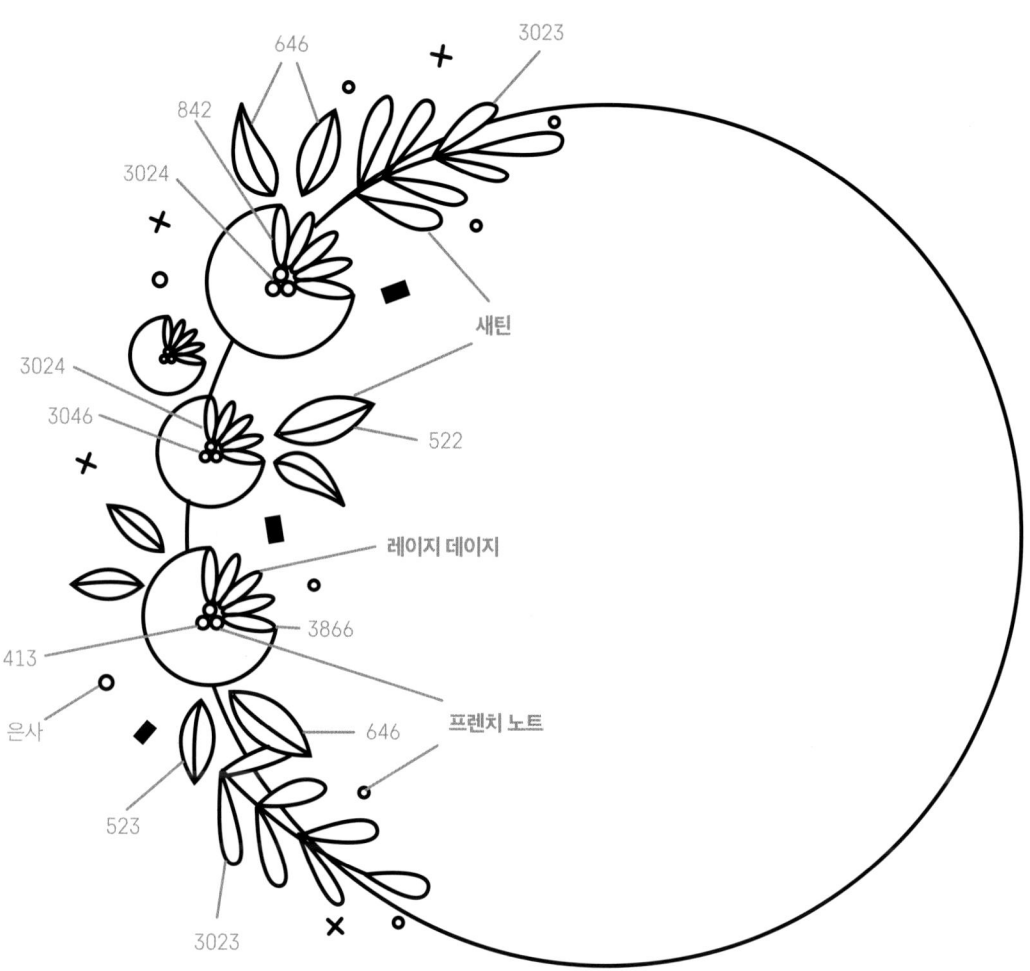

당장이라도 눈이 내릴 것 같은 날씨.
방안에는 캐럴이 울려 퍼지고
향긋한 시나몬과 과실 향이 공간을 가득 채웁니다.

푸르른 구상나무 사이사이에
반짝이는 크리스마스 장식과 앵두 전구를 달고,
따뜻한 뱅쇼 한 잔을 마시며,
겨울이면 늘 찾아보는 클래식 영화를 볼까 하다가
앤티크 소품을 만들어 보기로 합니다.

빨강 리본, 초록 포장지, 체크 리본을 준비하고
조금은 장난스러운 카드 글귀도 썼습니다.
[내년에 벚꽃이 필 때쯤 열어보세요! 꼭!!]

선물을 받을 이는 당장 포장을 풀고 싶겠지만
겨우내 크리스마스 장식으로 쓰다가
어느새 살랑거리는 봄옷을 입을 때쯤
그때 써주길 바라는 맘으로
작지만 정성 가득한 선물을 준비합니다.

WINTER

작은 앤티크 소품 만들기

따뜻한 뱅쇼가 놓여있고 즐거운 캐럴이 흐르는 테이블에
앙증맞고 작은 소품 재료들을 올려놓고
기분 좋아지는 생각을 떠올렸어요.

빨간 머리 앤, 소공녀, 작은 아씨들….
나와 취향이 비슷한 친구에게 작은 소품을 만들어주는 것.

그녀의 서랍 속에 있을 것 같은 작은 앤티크 소품을
하나씩 만들어 선물을 포장합니다.

#만들기 **HANDCRAFT**

자수가 들어간 작은 소품 만들기   준비물: 브로치, 헤어핀
만들기 부재료는 인터넷으로도 쉽게 구매가 가능합니다.

 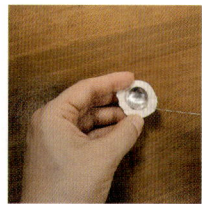   

자수가 끝난 원단을 도안 크기보다 1센티 정도 크게 잘라 (홈질) 바느질을 해주고, 브로치, 헤어핀 철제 몸통을 원단에 감싸 실을 쭉 잡아 당겨 마무리합니다.

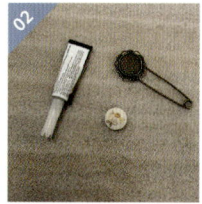    

브로치, 헤어핀에 접착제를 얇게 발라 원단 싸개가 마무리된 작품을 올리고 1분 동안 눌러주세요.
* 접착제를 많이 바르면 옆으로 새어 나오니 주의하세요!

원형 브로치 같은 크기는 접착제를 전체로 바르기보다는 사진처럼 사이드에 소량으로 얇게 발라야 원 밖으로 접착제 번짐이 없어요.

로즈 브로치와 로즈 머리핀

앤티크한 작은 브로치와 머리핀에
야리야리한 톤 다운된 멜란지 파스텔 계열 실로
스파이더 웹 로즈 스티치를 채워
귀엽고 사랑스러운 소품을 만들어보세요.

도안 사이즈 21mm × 21mm (좌) / 19mm × 16mm (우)

실제 사이즈

실제 사이즈

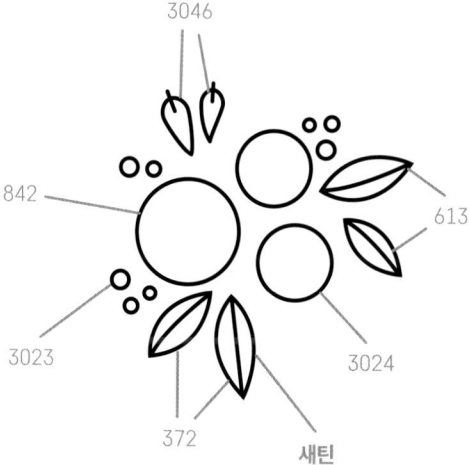

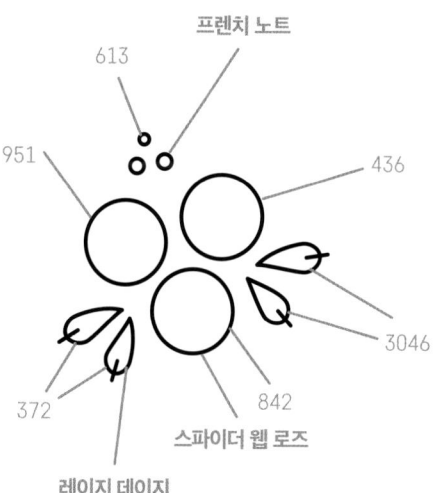

캔들 홀더 브로치

따뜻한 겨울을 선물하고 싶은 친구에겐
톤 다운된 브라운 원단에
캔들 홀더와 스파이더 웹 로즈 스티치를 채워
겨울 스웨터에 어울리는 브로치를 만들어보세요.

도안 사이즈 37mm × 50mm

실제 사이즈

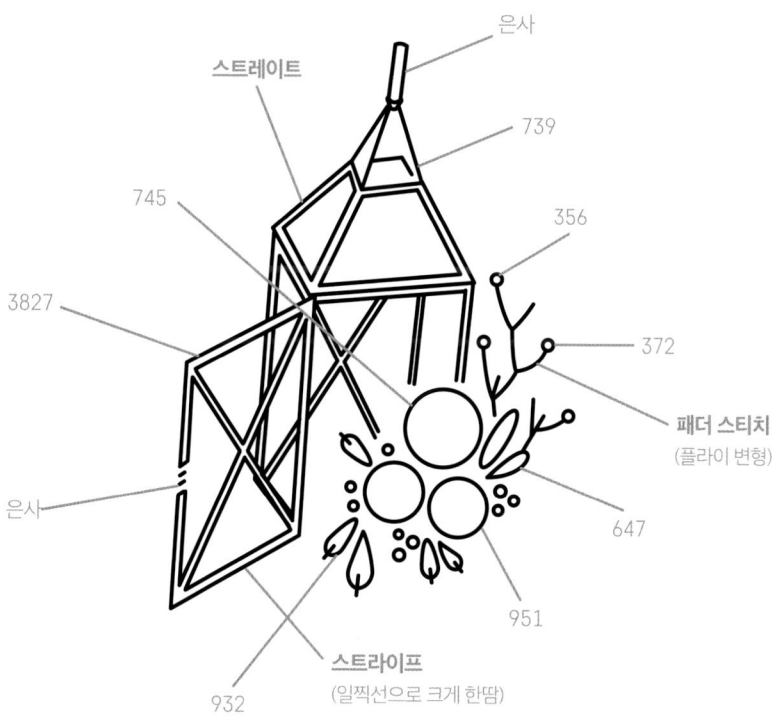

은사
스트레이트
739
745
356
3827
372
패더 스티치
(플라이 변형)
은사
647
951
스트라이프
(일찍선으로 크게 한땀)
932

겨울 | WINTER

```
저자 협의
인지 생략
```

사계절 인테리어
소품 자수

1판 1쇄 인쇄 2024년 4월 25일
1판 1쇄 발행 2024년 4월 30일

지 은 이 장리라
발 행 인 이미옥
발 행 처 아이생각
정　　가 15,000원
등 록 일 2003년 3월 10일
등록번호 220-90-18139
주　　소 (04997) 서울 광진구 능동로281-1 5층 (군자동 1-4 고려빌딩)
전화번호 (02) 447-3157~8
팩스번호 (02) 447-3159

ISBN 978-89-97466-90-0 (13630)
I-24-01
Copyright ⓒ 2024 ithinkbook Publishing Co., Ltd